LE FRANÇAIS CONTEMPORAIN

Comité pour l'enseignement du français d'Ewha

E.PRESS

책을 내면서

교통과 통신의 발달로 하나가 된 지구촌은 하나의 문화권을 이루고 있으며, 우리는 우리 문화에 대한 가치관 정립을 위해서라도 여러 다른 나라의 문화에 대한 이해가 필수적인 현실에 직면하게 되었다. 자기 중심의 세계관으로부터 벗어나기 위해서, 또 한 가지 외국어만을 고집할 경우 자칫 초래할 수 있는 편향된 시각의 위험성으로부터 탈피하기 위해서 제2외국어 교육은 더욱더 큰 역할을 하게 되었다.

프랑스와 프랑스어가 갖는 역사적 영광은 차치하고서라도, 프랑스어는 현재 유럽, 북미, 아프리카 등 30여 개국의 공용어일 뿐 아니라 국제 연합이나 올림픽에서의 공식 언어로서 흔들리지 않는 정치·경제·사회적 위상을 보여주고 있다. 특히 인문·사회 과학과 예술 분야뿐 아니라 정보·통신·기계 등 첨단 과학 분야에서 프랑스의 문화를 이해함으로써 우리의 시각을 넓히고, 진정한 세계화에 부응할 수 있는 계기를 마련할 수 있을 것이다.

이 교재는 종래의 문법 위주의 전개 방식을 탈피하고 실생활에서 일어날 수 있는 다양한 상황을 제시하여 언어뿐만 아니라 언어의 문화적 배경까지 공부할 수 있게 하였다. 회화 중심으로 짜여진 본문은 외국어 학습의 기본이라고 할 수 있는 말하고 듣기를 익히는 데 주안점을 두었으며, 본문에서 배운 내용을 토대로 한 'Grammaire et Expressions'에서는 응용력을 키우도록 하여 표현력을 증대시키게 하였으며, 꼭 알아두어야 할 표현들은 'Notes'에 정리하였다. 'Exercices'에서는 본문에서 배운 문법 사항을 확인하여 직접 써보는 연습과 청해력과 구두 표현력을 증대시키는 데 주안점을 두었다. 그리고 2~3과마다 제시되는 'Lecture'를 통해 프랑스에 대한 문화적 소양을 얻을 뿐 아니라, 프랑스어로 쓰인 다양한 학문 분야의 기초적인 문헌을 읽는 능력을 키울 수 있을 것이다.

새로운 외국어를 배운다는 것은 모국어의 언어 체계를 완전히 벗어날 수는 없기 때문에 대단한 노력을 요구하는 작업이다. 그러나 조금씩 진보하는 것을 느낄 때의 기쁨은 그 어느 것과도 견줄 수 없는 값진 것이다. 이 책이 프랑스어를 배우고자 하는 학생들에게 그러한 기쁨을 가져다주는 초석이 되기를 간절히 바란다.

2006년 7월

이화여자대학교 프랑스어 교재편찬위원회

TABLE DES MATIÈRES

Première partie

Deuxième partie

TABLE DES POINTS DE GRAMMAIRE ET DES EXPRESSIONS

Alphabet

A	【 a 】	N	【 ɛn 】
B	【 be 】	O	【 o 】
C	【 se 】	P	【 pe 】
D	【 de 】	Q	【 ky 】
E	【 ə 】	R	【 ɛ:R 】
F	【 ɛf 】	S	【 ɛs 】
G	【 ʒe 】	T	【 te 】
H	【 aʃ 】	U	【 y 】
I	【 i 】	V	【 ve 】
J	【 ʒi 】	W	【 dubləve 】
K	【 ka 】	X	【 iks 】
L	【 ɛl 】	Y	【 igrɛk 】
M	【 ɛm 】	Z	【 zɛd 】

I. Prononciation

1. Voyelles orales

Signes	Graphie	Exemples
【 a 】	a à	madame [madam] ami [ami], garçon [gaʀsɔ̃]
【 ɛ 】	e è ê ai ei	elle [ɛl], mer [mɛʀ] père [pɛʀ] être [ɛtʀ] mais [mɛ] reine [ʀɛn]
【 e 】	e é	et [e], chez [ʃe] été [ete], répéter [ʀepete]
【 i 】	i î y	si [si] île [il] syllabe [silab]
【 y 】	u û	université [ynivɛʀsite] flûte [flyt]
【 ɑ 】	a â	pas [pɑ] âne [ɑn], âme [ɑm]
【 ɔ 】	o	porte [pɔʀt] robe [ʀɔb]
【 o 】	o ô au eau	chose [ʃoz] hôte [ot] aussi [osi] tableau [tablo], eau [o]
【 u 】	ou où oû	tout [tu] où [u] croûte [kʀut]
【 œ 】	eu œu	jeune [ʒœn], bonheur[bɔnœʀ] œuf [œf], sœur [sœʀ]
【 ϕ 】	eu	feu [fϕ], heureux [œʀϕ]
【 ə 】	e	de [də]

2. Voyelles nasales

Signes	Graphie	Exemples
[ɑ̃]	an am en em	bilan [bilɑ̃] chambre [ʃɑ̃bʀ] encore [ɑ̃kɔʀ] temps [tɑ̃]
[ɛ̃]	in im ym ain ein en	vin [vɛ̃] impôt [ɛ̃po] symphonie [sɛ̃fɔni] pain [pɛ̃] plein [plɛ̃] examen [ɛgzamɛ̃]
[ɔ̃]	on om	bon [bɔ̃] nombre [nɔ̃bʀ]
[œ̃]	un um	brun [bʀœ̃] parfum [paʀfœ̃]

3. Consonnes

Signes	Graphie	Exemples
[p]	p	porte [pɔʀt]
[b]	b	ballon [balɔ̃], bon [bɔ̃]
[m]	m	mon [mɔ̃], maigre [mɛgʀ]
[f]	f ph	femme [fam] philosophie [filɔzɔfi]
[v]	v	vallée [vale], voyage [vwajaʒ]
[t]	t th	ton [tɔ̃] théâtre [teɑtʀ]
[d]	d	dent [dɑ̃], double [dubl]
[n]	n	nature [natyʀ], donner [dɔne]

Signes	Graphie	Exemples
【 s 】	s sc c ç x t	sapin [sapɛ̃] scène [sɛn] ceci [səsi] français [fʀɑ̃sɛ] dix [dis] nation [nasjɔ̃]
【 z 】	z s x	onze [ɔ̃z] maison [mɛzɔ̃] deuxième [dϕzjɛm]
【 l 】	l	la [la], le [lə]
【 ʃ 】	ch	chemin [ʃəmɛ̃], chat [ʃa]
【 ʒ 】	j g	joli [ʒɔli], jeune [ʒœn] gigot [ʒigo]
【 g 】	g gu	gant [gɑ̃], gage [gaʒ] guitare [gitaʀ]
【 k 】	k c qu	kilo [kilo] café [kafe] qui [ki]
【 ʀ 】	r	robe [ʀɔb], roi [ʀwa]
【 ks 】	x	taxi [taksi], texte [tɛkst]
【 gz 】	x	exercice [ɛgzɛʀsis], exemple [ɛgzɑ̃pl]
【 ɲ 】	gn	peigne [pɛɲ], Espagne [ɛspaɲ]

4. Semi-Consonnes(Semi-Voyelles)

Signes	Graphie	Exemples
【 j 】	i voyelle + ill, il	pieds [pje], piano [pjano] paille [pɑj], soleil [sɔlɛj]
【 w 】 【 wa 】 【 wɛ̃ 】	ou oi oin	oui [wi] oiseau [wazo] coin [kwɛ̃]
【 ɥ 】	u	lui [lɥi], puis [pɥi]

II. Signes d'orthographe

1. apostrophe (') : l'or, l'huile, s'il
2. tréma (¨) : haïr [aiʀ]
3. cédille (¸) : garçon [gaʀsɔ̃]
4. trait d'union (-) : grand-mère
5. accent aigu (´) : été
6. accent grave (`) : là, père, où
7. accent circonflexe (^) : âme, rêve

III. Liaison

Ils‿ont des‿horloges très‿anciennes.
Deux‿hommes dans la ville
C'est‿un grand‿homme.
Il est neuf‿heures.
Les‿enfants / aiment leurs mères.
Lui et / elle, ils sont très‿aimables.
C'est‿un enfant / aimable.
Les / héros

Les personnages

Jina KIM
20 ans

Pierre DURAND
22 ans

Claire DURAND
20 ans

Nami SONG
19 ans

Namsou SONG
22 ans

La nature

des feuilles
le soleil
une étoile
la lune
un arbre
une montagne
un oiseau
une forêt
un papillon
une fleur
la mer
un buisson

Les fruits et les légumes

une pêche

une pastèque

une fraise

une pomme de terre

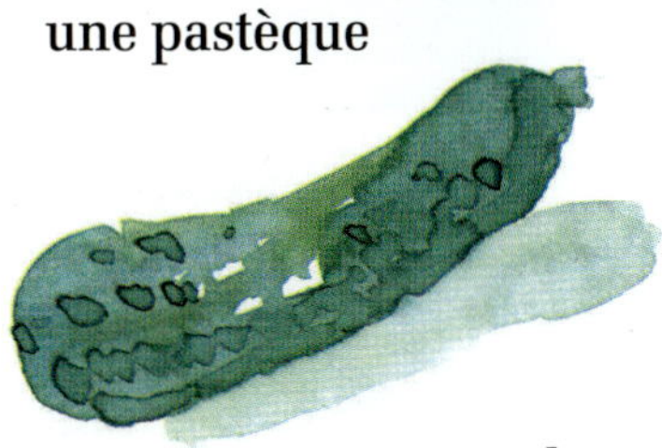
un concombre

une tomate

des raisins

une banane

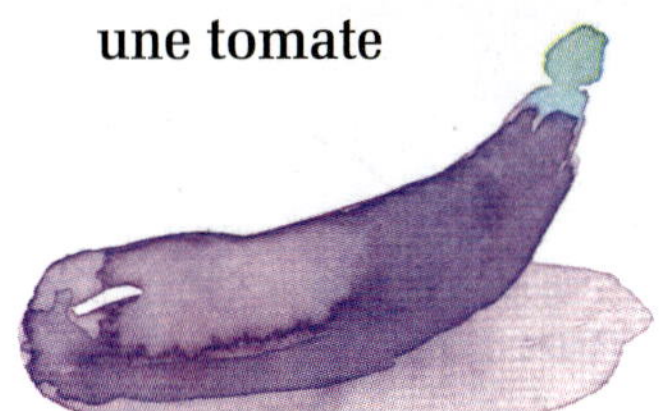
une aubergine

une salade

une citrouille

un oignon

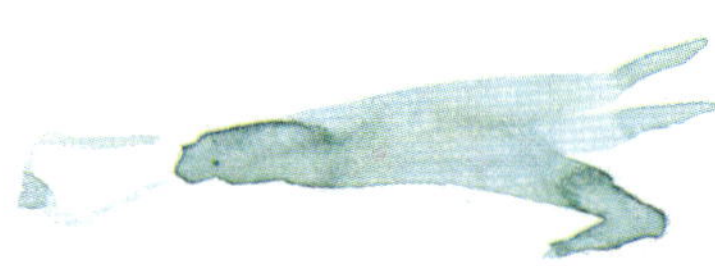
un poireau

un(une) pamplemousse

un chou

Les choses

une porte
une fenêtre
des rideaux
un tableau
un mur
une plante
une lampe
un fauteuil
une robe
un livre
un téléphone
un ordinateur
un stylo
une chaise

un crayon
une règle
un sac à dos
une gomme
un cartable
un cahier
un fax

Les facultés

la faculté des sciences humaines

la faculté de pharmacie

la faculté des sciences naturelles

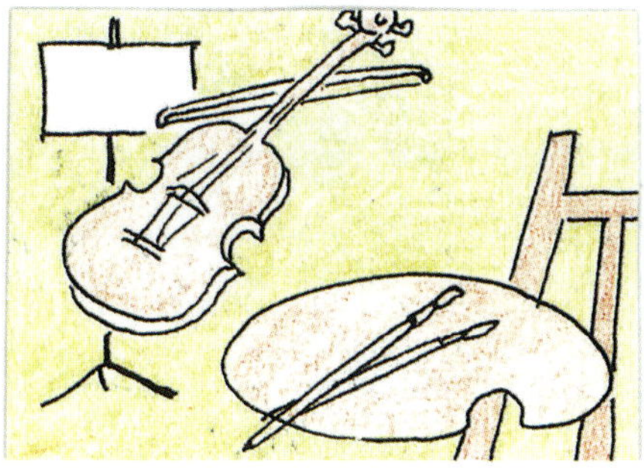

la faculté des beaux-arts

la faculté des sciences économiques

la faculté des sciences sociales

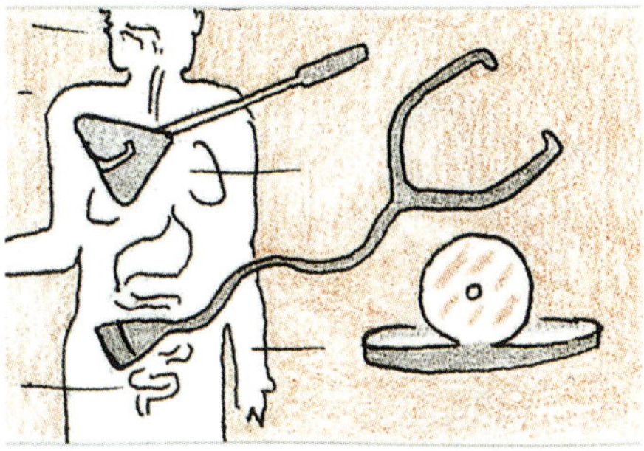

la faculté de médecine

la faculté de droit

Leçon 1

Les salutations

Unité 1. Bonjour !

Bonjour !

Bonsoir !

Au revoir !

Bonne nuit !

Unité 2. Comment allez-vous ?

Jina	:	Bonjour, Monsieur !
Professeur	:	Bonjour, Mademoiselle !
Jina	:	Comment allez-vous ?
Professeur	:	Bien, merci. Et vous ?
Jina	:	Très bien, merci.

Unité 3. Ça va.

Jina : Bonjour, Claire !
Claire : Salut, Jina ! Ça va ?
Jina : Oui, ça va bien. Et toi ?
Claire : Pas mal.
Jina : Au revoir !
Claire : A demain !

Unité 4. Enchantée !

Jina : Bonjour, Madame !
Mme Durand : Bonjour, Mademoiselle !
Comment vous appelez-vous ?
Jina : Je m'appelle Jina Kim.
Mme Durand : Enchantée !

1. Nom:
Nom de jeune fille :
Prénom :
2. Date de naissance:
3. Lieu de naissance:
4. Nationalité:
5. Profession:
6. Domicile:

Grammaire et Expressions

1 A : Bonjour, Monsieur !
B : Bonjour, Mademoiselle !

A : Salut, Sylvie !
B : Salut, Paul !

2 A : Comment allez-vous ?
B : Très bien, merci. Et vous ?

A : Comment ça va ?
B : Ça va bien, et toi ?

3 A : Au revoir, Madame !
B : Au revoir, Mademoiselle !

Notes

À bientôt ! / À demain ! / À tout à l'heure !

4 A : Comment vous appelez-vous ?
B : Je m'appelle Namsou Song. Et vous ?
A : Moi, je m'appelle Anne Leblanc.
B : Enchanté, Madame !
A : Enchantée, Monsieur !

Exercices

I. Complétez les dialogues.

1

Jina : .... Monsieur !
Professeur : Bonjour, ... !
Jina : .... ?
Professeur : .... Et vous ?
Jina : ....

2

Jina : Bonjour, Claire !
Claire : ...., Jina !
....
Jina : Oui, ça va bien. .... ?
Claire : ....

II. Répétez le dialogue.

Jina : Bonjour !
Je m'appelle Jina. Et toi ?
Enchantée !
Au revoir !

Sylvie : Salut !
Moi, Sylvie.
Enchantée !
A bientôt !

Leçon 2

Qu'est-ce que c'est ?

Unité 1. C'est un sac.

Jina : Qu'est-ce que c'est ?
Pierre : C'est un sac.
Jina : Et ça, c'est un cartable ?
Pierre : Oui, c'est un cartable.

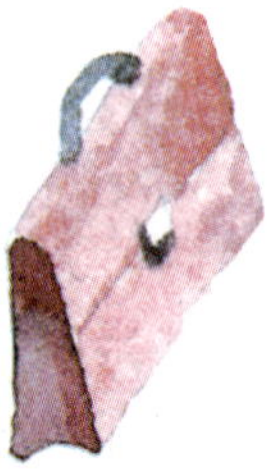

Unité 2. Ce sont des lunettes.

Namsou : Qu'est-ce que c'est ?
Claire : Ce sont des lunettes.
Namsou : Et ça, ce sont des stylos ?
Claire : Oui, ce sont des stylos.

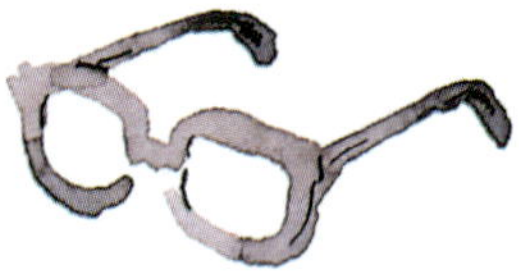

Unité 3. Non, ce n'est pas une chaise.

Namsou : Est-ce un téléphone ?
Claire : Oui, c'est un téléphone.
Namsou : Est-ce que c'est une chaise ?
Claire : Non, ce n'est pas une chaise.
C'est un fauteuil.

Unité 4. Non, ce ne sont pas des pommes.

Jina : Est-ce que ce sont des pommes ?
Pierre : Non, ce ne sont pas des pommes.
Ce sont des poires.
Jina : Est-ce que ce sont des oranges ?
Pierre : Non, ce ne sont pas des oranges.
Ce sont des pamplemousses.

mémo

Grammaire et Expressions

1. L'article indéfini et le pluriel des noms

un livre	*des* livres
une table	*des* tables

2. La phrase interrogative

- *Qu'est-ce que c'est ?*
  - C'est un livre.
- *Est-ce* un lit ?
  - Oui, c'est un lit.
- *Est-ce que* c'est une maison ?
  - Oui, c'est une maison.

- *Qu'est-ce que c'est ?*
  - Ce sont des chaussures.

- *Est-ce que* ce sont des robes ?
  - Oui, ce sont des robes.

- *Est-ce que* ce sont des jupes ?
  - Oui, ce sont des jupes.

3. La phrase négative

- Est-ce un sac ?
  - Non, ce *n'*est *pas* un sac.
  C'est une valise.

- Est-ce que ce sont des chats ?
  - Non, ce *ne* sont *pas* des chats.
  Ce sont des chiens.

4. Les pronoms personnels (sujet) et le verbe *être*

je	suis
tu	es
il	est
elle	est
nous	sommes
vous	êtes
ils	sont
elles	sont

Apprenons

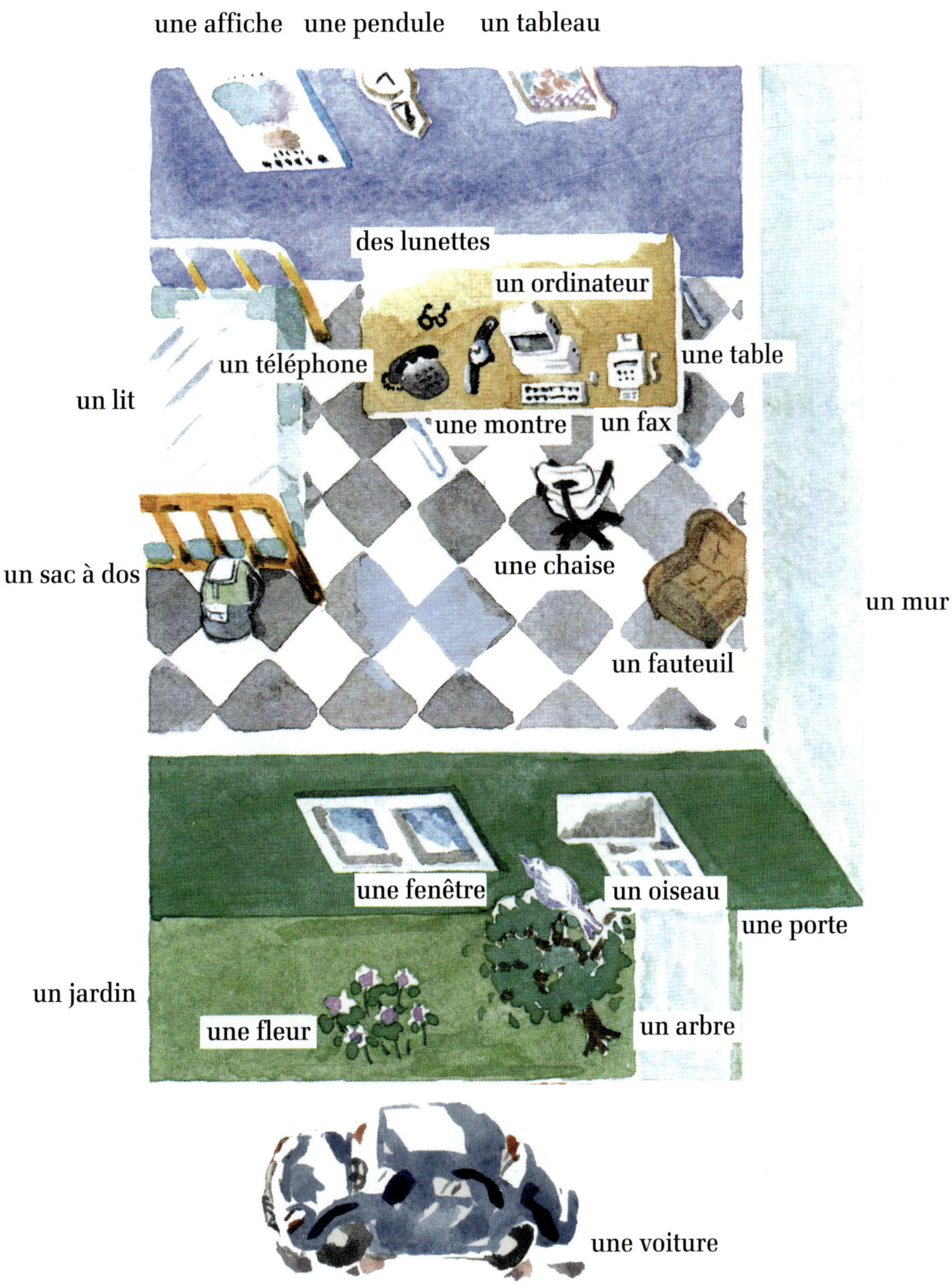
une affiche
une pendule
un tableau
des lunettes
un ordinateur
un téléphone
une table
un lit
une montre
un fax
un sac à dos
une chaise
un mur
un fauteuil
une fenêtre
un oiseau
une porte
un jardin
une fleur
un arbre
une voiture

Exercices

I. Qu'est-ce que c'est ?

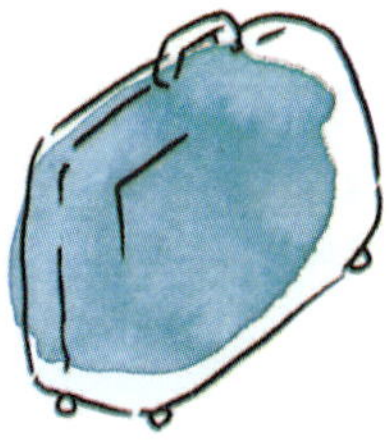

- ______________ - ______________ - ______________

II. Complétez les dialogues.

Est-ce que ________________ ?
- Oui, ______________________

Est-ce que ________________ ?
- Oui, ______________________

Est-ce une jupe ?
- Non, ______________________
C'est ______________________

Est-ce que ce sont des cahiers ?
- Non, ______________________
Ce sont ______________________

III. Un peu de calcul. (Écrivez en toutes lettres.)

1. sept et trois font ____________________
2. un et six font ____________________
3. cinq et quatre font ____________________
4. deux et deux font ____________________
5. trois et deux font ____________________

IV. Montrez un objet du dessin et posez des questions à votre voisin(e).

Apprenons

0	zéro	1	un, une	2	deux	3	trois
4	quatre	5	cinq	6	six	7	sept
8	huit	9	neuf	10	dix		

Leçon 3

Qui est-ce ?

Unité 1. La nationalité

Pierre : Jina, voici Eric.
Eric : Bonjour, Jina !
Jina : Bonjour, Eric !
Eric : Tu es coréenne ?
Jina : Oui, je suis coréenne. Et toi ?
Eric : Moi, je suis français.

Unité 2. Le nom et le prénom

Eric : Qui est-ce ?
Pierre : C'est Namsou Song.
Il est coréen.
Eric : Et elle ?
Pierre : C'est la sœur de Namsou.
Elle s'appelle Nami.

Unité 3. Nami est étudiante.

Eric : Nami est étudiante ?
Pierre : Oui, elle est étudiante.
Eric : Et Namsou, il est étudiant, lui aussi ?
Pierre : Non, il n'est pas étudiant.
Il est chanteur.

Unité 4. Monsieur Durand est ingénieur.

Jina : Qui est-ce ?
Eric : Ce sont les parents de Pierre.
Monsieur Durand est ingénieur.
Jina : Et Madame Durand ?
Eric : Elle est professeur.

mémo

Grammaire et Expressions

1. L'article défini

le frère de Jina *l'*ami de Pierre	*la* sœur de Namsou *l'*adresse de Jina
les enfants de Madame Durand	

2. Omission de l'article

C'est un Français. Il est français.
C'est une étudiante. Elle est étudiante.

3. Les pronoms personnels toniques

moi, toi, lui, elle, nous, vous, eux, elles

Moi, je suis étudiante. Et *toi* ?
Il est coréen, *lui* aussi.

4. Les professions

un étudiant / une étudiante
un chanteur / une chanteuse
un acteur / une actrice

un professeur / un professeur
un médecin / un médecin
un mannequin / un mannequin
un peintre / un peintre

un journaliste / une journaliste
un interprète / une interprète
un secrétaire / une secrétaire

■ *Qu'est-ce que vous faites dans la vie ?*
- Je suis étudiant.

Le pays et la nationalité

la Corée
un Coréen
une Coréenne

la France
un Français
une Française

l'Allemagne
un Allemand
une Allemande

le Canada
un Canadien
une Canadienne

la Chine
un Chinois
une Chinoise

l'Espagne
un Espagnol
une Espagnole

l'Amérique /
les États-Unis
un Américain
une Américaine

l'Angleterre
un Anglais
une Anglaise

l'Italie
un Italien
une Italienne

le Japon
un Japonais
une Japonaise

Exercices

I. Répondez comme dans l'exemple.

■ Qui est-ce ?

- C'est un Coréen.
- Il est coréen.

1. Qui est-ce ?

- ____________________
- ____________________

2. Qui est-ce ?

- ____________________
- ____________________

- ____________________
- ____________________

- ____________________
- ____________________

II. Répondez comme dans l'exemple.

■ Qui est Bong Joon-Ho ?

- C'est un réalisateur.
- Il est coréen.

1 Qui est Juliette Binoche ?

- ____________________
- ____________________

2 Qui est Michael Jackson ?

- ____________________
- ____________________

3 Qui est Pablo Picasso ?

- ____________________
- ____________________

III. Écrivez les phrases comme dans l'exemple.

Voici Jina Kim.
C'est une étudiante.
C'est l'amie de Claire.
Elle est coréenne.
Elle est étudiante.

1.

Voici Namsou Song.
C'est ______________________
C'est ______________________
Il est ______________________

2.

Voici Monsieur et Madame Durand.
M. Durand est ____________
Mme Durand est ____________
Ce sont ________________
Ils sont ________________

IV. Mettez la forme négative.

1. Il est étudiant.
 - ______________________
2. Il est français.
 - ______________________
3. Elle est japonaise.
 - ______________________
4. Ils sont professeurs.
 - ______________________

5. Ça va.

- ______________________________

6. Monsieur Durand est ingénieur.

- ______________________________

7. Elle est interprète.

- ______________________________

8. Nous sommes acteurs.

- ______________________________

V. Formez des phrases comme dans l'exemple.

1. coréen ■ Il est coréen.
2. français ■ ______________
3. allemand ■ ______________
4. anglaise ■ ______________
5. canadiens ■ ______________
6. américains ■ ______________
7. chinois ■ ______________
8. coréennes ■ ______________
9. italiens ■ ______________

Lecture

La famille Durand

Nous sommes chez Pierre Durand. Il est étudiant à la Sorbonne. La sœur de Pierre est étudiante, elle aussi. Elle s'appelle Claire. Voici les parents de Pierre. François Durand, le père de Pierre, est ingénieur. Martine Durand, la mère de Pierre, est professeur de français.

Leçon 4

Où est la poste ?

Unité 1. Dans la maison

(Pierre cherche le téléphone portable.)

Pierre : Où est le téléphone portable ?
Claire : Dans le salon, sur la table.
Pierre : Non, il n'est pas sur la table.
Ah ! Il est là, sous le fauteuil.

Unité 2. Dans la rue

Un monsieur : S'il vous plaît, Mademoiselle.
Est-ce qu'il y a une poste près d'ici ?
Jina : Oui, pas loin d'ici.
Elle est à côté de la banque, Monsieur.
Un monsieur : Et la banque, où est-elle ?
Jina : Elle est en face de la station de métro.
Un monsieur : Ah, là-bas !
Merci, Mademoiselle !
Jina : Je vous en prie, Monsieur.

Unité 3. Devant la Sorbonne

Un passant : S'il vous plaît, Mademoiselle.
Je cherche une pharmacie.

Jina : Hmm...
Vous continuez tout droit jusqu'au feu et vous tournez à droite.
Là, il y a une pharmacie à côté du cinéma.

Un passant : Merci beaucoup, Mademoiselle !

Jina : Je vous en prie !

Unité 4. Devant la gare

Marie : Tiens, Claire ! Tu habites dans ce quartier ?

Claire : Oui, j'habite là, derrière la gare.
Et toi, où habites-tu ?

Marie : J'habite à Versailles.
Mais je travaille à Paris dans une banque.

Claire : Tu rentres chez toi maintenant?

Marie : Non, j'ai un rendez-vous.

Claire : Alors, à bientôt !

Marie : Au revoir !

Grammaire et Expressions

1. L'adverbe interrogatif *où*

Où est la clef ?
- Elle est dans le sac.

sur sous devant derrière en face de à côté de

près de loin de entre à gauche à droite

2. L'article contracté (I)

de + le = *du*	près *du* cinéma
de + la = *de la*	près *de la* chambre
de l'	près *de l'*école
de + les = *des*	près *des* toilettes

3. L'article contracté (II)

à + le = *au*	*au* cinéma
à + la = *à la*	*à la* bibliothèque
à l'	*à l'*école
à + les = *aux*	*aux* toilettes

4. Les adjectifs démonstratifs

ce / *cet*	*ce* livre	*ces* livres
cette	*cet* arbre	*ces* arbres
ces	*cette* fille	*ces* filles

5. Les verbes

avoir				habiter			
j'	ai	nous	avons	j'	habite	nous	habitons
tu	as	vous	avez	tu	habites	vous	habitez
il	a	ils	ont	il	habite	ils	habitent

aimer chercher continuer
écouter rentrer tourner
trouver travailler

Notes

- A: Merci beaucoup !
  B: *Je vous en prie. / Il n'y a pas de quoi. / De rien.*
- *Il y a* une poste près d'ici ?
- Vous continuez *tout droit* jusqu'au feu.

Exercices

I. Décrivez l'image en utilisant *sur, dans, devant, loin de, en face de, à côté de, près de.*

1. Où est la Sorbonne ?

- Elle est (   ) le quartier latin.

2. (   ) la Sorbonne, il y a une place.

3. (   ) la place, il y a une terrasse de café.

II. Lisez et écrivez.

Voici une jeune fille. C'est une Française. Elle s'appelle Marie Dupont. Elle est employée de banque. Elle habite à Versailles, mais elle travaille à Paris. Aujourd'hui, après le travail, elle ne rentre pas directement chez elle. Elle a un rendez-vous.

Vous êtes Marie Dupont. Présentez-vous.

Je suis une jeune fille. Je suis française. Je ______________________________

____

____

III. Répondez aux questions à l'aide des dialogues de l'unité 2 et 3.

1. Est-ce qu'il y a une station de métro près d'ici ?

- ______________________________

2. Est-ce qu'il y a une banque près d'ici ?

- ______________________________

3. Est-ce qu'il y a une pharmacie près d'ici ?

- ______________________________

4. Est-ce qu'il y a un cinéma près d'ici ?

- ______________________________

IV. Regardez le dessin et posez des questions à votre voisine.
Utilisez *sur, sous, devant, derrière...*

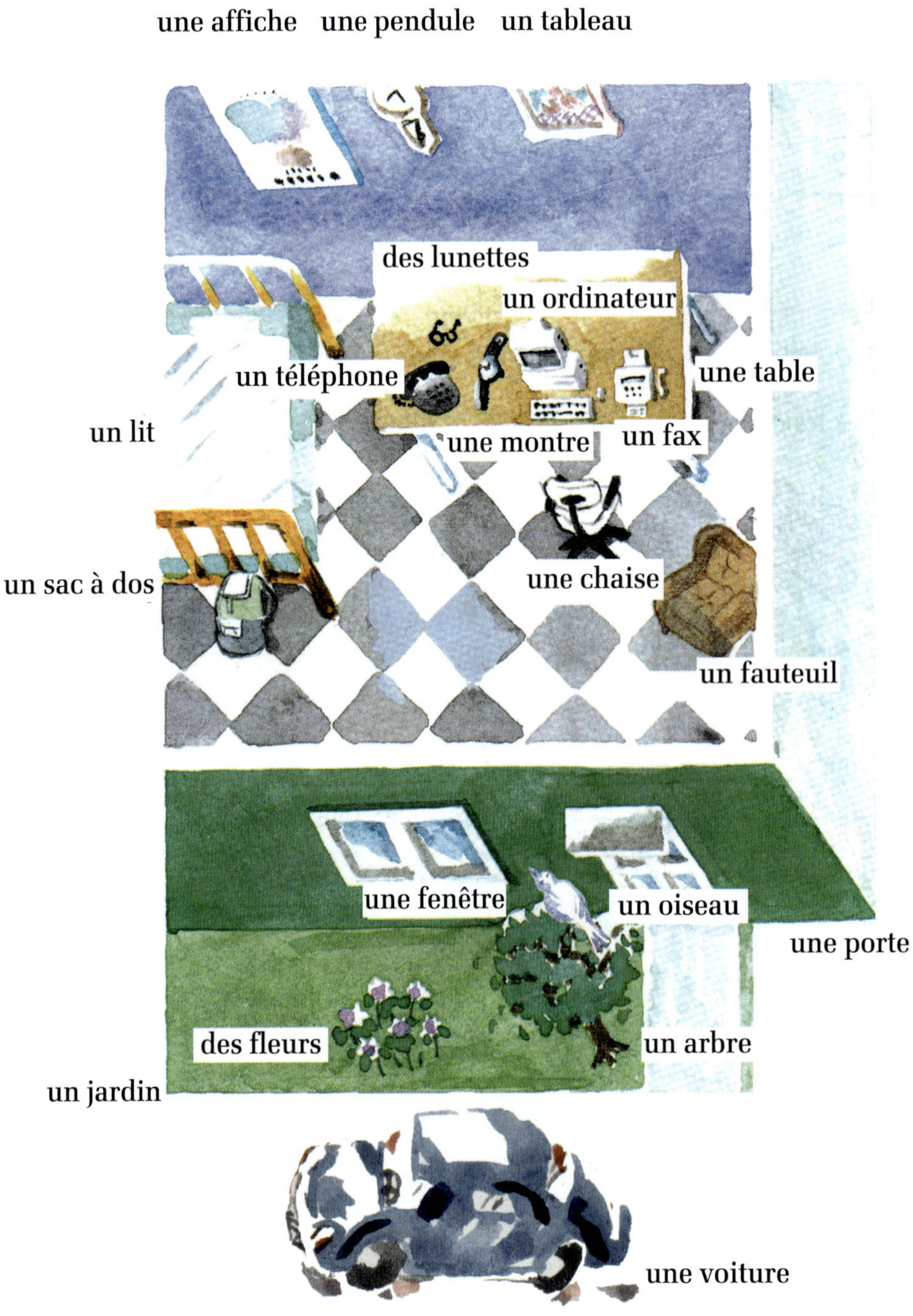

Leçon 5

Étudiez-vous le français ?

Unité 1. À la bibliothèque

Claire : Est-ce que tu étudies beaucoup le français ?
Nami : Oui, deux heures par jour.
Claire : Et Namsou travaille-t-il beaucoup, lui aussi ?
Nami : Oui, il étudie quatre heures par jour.
Claire : Oh là là ! Quatre heures par jour !
C'est un bon élève !

Unité 2. Au café

Claire : Tu es en France depuis longtemps ?
Jina : Non, je suis à Paris depuis deux mois.
Claire : Mais tu parles très bien français.
Jina : Merci, j'étudie le français à l'université.
Et je partage un appartement avec une Française. Nous parlons beaucoup ensemble.
Claire : Tu as de la chance !

Unité 3. Chez Pierre...

Jina : Daniel Leblanc habite-t-il toujours en Italie ?
Pierre : Non, il n'habite plus en Italie.
Il habite maintenant à Montréal.
Jina : Ah bon ! Il voyage beaucoup !
Pierre : Oui, il aime beaucoup les voyages.
Jina : Qu'est-ce qu'il fait ?
Pierre : Il est correspondant du journal *Le Monde*.

Unité 4. ... au salon

Jina : Monsieur et Madame Leblanc ont-ils des enfants ?
Pierre : Oui, ils ont un fils et une fille, Louis et Sophie.
Jina : Madame Leblanc travaille-t-elle ?
Pierre : Non, pas encore.
Mais cette année elle finit l'école d'interprétation aux Etats-Unis. Et après, elle commence à travailler au Canada.

mémo

Grammaire et Expressions

1. La phrase interrogative

Vous étudiez le français ?
Est-ce que vous étudiez le français ?
Étudiez-vous le français ?

Pierre habite à Paris ?
Est-ce que Pierre habite à Paris ?
Pierre habite-t-il à Paris ?

2. La préposition et le nom du pays

Il habite *en* Corée.
Elle travaille *en* France.
Ils sont *en* Chine.
Elle n'habite plus *au* Japon.
Elle commence à travailler *au* Canada.
Il est professeur *aux* États-Unis.

3. Les verbes

voyager		commencer		finir		faire	
je	voyage	je	commence	je	finis	je	fais
tu	voyages	tu	commences	tu	finis	tu	fais
il	voyage	il	commence	il	finit	il	fait
nous	voyageons	nous	commençons	nous	finissons	nous	faisons
vous	voyagez	vous	commencez	vous	finissez	vous	faites
ils	voyagent	ils	commencent	ils	finissent	ils	font

Notes

- Il travaille quatre heures *par jour*.
- Tu *as de la chance !*
- *Qu'est-ce qu'il fait ?*
- Il habite *toujours* en Italie ? - Non, il *n'*habite *plus* en Italie.
- Pas encore.
- Elle *commence à* travailler au Canada.

Exercices

I. Complétez le texte avec *du, de la, des, de l', au, à la, aux, à l', en.*

1. La banque est en face (   ) cinéma.
2. Ce sont les photos (   ) étudiantes.
3. Ils sont (   ) États-Unis.
4. M. Kim travaille (   ) France.
5. Avez-vous la clé (   ) voiture ?
6. Elle n'habite pas (   ) Japon.
7. Les enfants sont (   ) école.
8. Marie travaille (   ) maison.
9. Sylvie habite près (   ) église.

II. Complétez le texte.

1. Il ________(habiter) ________ Paris ________ France.
2. Elle ________(habiter) ________ Canada ________ Montréal.
3. Nous __________(travailler) ________ Suisse ________ Genève.
4. Roland habite-t-il toujours ________ Italie ?
   Non, il ________(habiter) ______ ______ Italie, il ________ (être) maintenant ________ Allemagne, ________ Berlin.

III. Répondez aux questions.

1. Cherchez-vous une pharmacie ?
   - Oui, ______________________________________
2. Parlez-vous français ?
   - Oui, ______________________________________
3. M. Kim aime-t-il les voyages ?
   - Oui, ______________________________________
4. Est-ce que vous choisissez ces roses pour une amie ?
   - Oui, ______________________________________

IV. Dans un magasin

1. Mettez le dialogue dans l'ordre.

Jina	La Vendeuse
(1) S'il vous plaît, Madame. Où sont les CD ? ( ) Oui, j'écoute souvent «Les yeux ouverts.» ( ) Oui, je cherche les CD d'Enzo Enzo.	( ) Ah ! Vous aimez Enzo Enzo ? ( ) Devant le rayon des livres. Vous cherchez quelque chose ?

2. Pratiquez le dialogue avec :

les CD d'Yves Montand / écouter / «Les feuilles mortes», «Les amants»
les vêtements de chez Armani / porter / jupe, veste, pantalon
les films de Luc Besson / regarder / «Léon», «Le grand bleu»

Qu'est-ce que vous étudiez ?

la littérature	l'informatique
la chimie	l'histoire
la géographie	la musique
l'économie	les mathématiques
la physique	la psychologie
la sociologie	l'architecture
la gymnastique	le droit

Moi, j'étudie les mathématiques. Et vous ?

____

Leçon 6

Elle est grande et belle.

Unité 1. À la terrasse d'un café

Pierre : Tiens, C'est Nicole.
Eric : Qui est-ce ?
Pierre : Nicole Bernard, c'est une amie de Claire. Elles sont dans la même classe.
Eric : Elle est très belle !
Pierre : Oui. Elle a de beaux yeux.
Eric : Elle a l'air sympathique.
Pierre : Oui, elle est très sympa.
Eric : Comme Claire, alors !

Unité 2. Au téléphone (1)

Hans : Allô ?
Est-ce que Pierre est là ?
Claire : Non, il n'est pas là.
C'est de la part de qui ?
Hans : Je m'appelle Hans. Je suis un ami de Pierre.
Claire : Ah, c'est vous ! Bonjour !
Moi, c'est Claire. Je suis la sœur de Pierre.
Hans : Bonjour ! J'arrive d'Allemagne.
Claire : Où êtes-vous ?
Hans : Je suis à la gare de l'Est.
Claire : J'arrive dans dix minutes.
Hans : Merci, c'est gentil.

Unité 3. Au téléphone (2)

Claire : Mais, comment êtes-vous ?
Hans : Eh bien, je suis grand et blond.
J'ai les cheveux courts et j'ai des lunettes.
Claire : Comment êtes-vous habillé ?
Hans : Je porte un blouson gris,
un pantalon noir et des bottes.
J'ai une guitare.
Claire : Moi, je suis brune et j'ai les cheveux longs.
Je porte une robe verte.
Hans : Très bien, à tout de suite.
Claire : À tout à l'heure.

Unité 4. À la gare

Claire : Vous n'êtes pas trop fatigué ?
Hans : Non, je ne suis pas fatigué.
Claire : Avez-vous beaucoup de bagages ?
Hans : Non, j'ai seulement une guitare
et un sac à dos.
Claire : Qu'est-ce qu'il est gros !
Il n'est pas lourd ?
Hans : Si, un peu. Mais ça va.
Claire : On rentre à pied ?
La maison n'est pas loin d'ici.

Grammaire et Expressions

1. L'adverbe interrogatif *comment*

Comment est-elle ?
Comment allez-vous ?
Comment vous appelez-vous ?
Comment êtes-vous habillé ?
Comment travaille-t-elle ?

2. L'adjectif qualificatif

grand	grand*e*	jeune	jeune
grand*s*	grand*es*	jeune*s*	jeune*s*
heureux	heureu*se*	long	long*ue*
heureux	heureu*ses*	long*s*	long*ues*
gros	gro*sse*	gentil	genti*lle*
gros	gro*sses*	gentil*s*	genti*lles*
beau (*bel*)	*belle*	vieux (*vieil*)	*vieille*
beau*x*	*belles*	*vieux*	*vieilles*

C'est un film *intéressant*.
C'est une fille *sympathique*.
Ce sont des voitures *rouges*.
Ce sont des garçons *intelligents*.
C'est un *bon* livre.
C'est une *vieille* amie.

Attention :
un *bel* hôtel
un *vieil* ami

3. L'article indéfini : cas particuliers

Elle a *de* belles robes.
Il a *de* beaux yeux.

Attention :
un oeil
des yeux

4. De quelle couleur est cette robe ?

- Elle est *blanche*.
- C'est une robe *blanche*.

bleu	bleu*e*	rouge rouge	blanc blan*che*
vert	vert*e*	jaune jaune	roux rou*sse*
noir	noir*e*		
gris	gris*e*		
brun	brun*e*		

Attention : ▸ Elle a des chaussures *marron*.
▸ Les Parisiens ont des cartes *orange* pour le métro.

5. Vous n'êtes pas coréenne ?

- Si, je suis coréenne.

Notes

- Elle *a l'air* sympathique.
- *Allô!*
- J'arrive *dans* dix minutes.
- *D'accord.*
- *Comme* il est gros !
- Avez-vous *beaucoup de* bagages ?
- On rentre *à pied*.

pour homme

pour dame

Exercices

I. Transformez comme dans l'exemple.

Il est grand. ▶ Elle est grande.

1. Il est beau.
   ▶ Elle ______________
2. Paul est jeune.
   ▶ Jeanne ______________
3. Il est heureux.
   ▶ Elle ______________
4. Le chapeau est blanc.
   ▶ La robe ______________

Il est grand. ▶ Ils sont grands.

1. Il est beau.
   ▶ Ils ________________
2. Cette robe est longue.
   ▶ Ces robes ________________
3. Elle est belle.
   ▶ Elles ________________
4. Le pantalon est gris.
   ▶ Les pantalons ________________

II. Répondez aux questions.

1. Vous n'êtes pas coréenne ?
   -
2. Vous êtes étudiante ?
   -
3. Sophie Marceau n'est pas française ?
   -
4. Vous n'êtes pas jeune ?
   -
5. Comment est Nicole ?
   -
6. Le sac de 200 kg n'est pas lourd ?
   -
7. Claire a-t-elle les cheveux longs ?
   -
8. De quelle couleur est le pantalon de Hans ?
   -
9. De quelle couleur sont les yeux de Mel Gibson ?
   -

III. Identifiez les personnages suivants.

1. ( ) Il a un sac à dos. Il porte un jean bleu et un pull vert.
2. ( ) Elle a les cheveux longs. Elle a un chien. Elle porte une jupe courte.
3. ( ) Elle a les cheveux frisés. Elle porte une robe rouge et des lunettes de soleil.
4. ( ) Il est petit. Il téléphone avec un portable. Il porte un blouson marron.
5. ( ) Elle est grande et mince. Elle a deux enfants. Elle porte une jupe et un gilet. Elle a une écharpe.

IV. Expliquez comment est Claire et comment est Hans.

V. Vous avez rendez-vous à la gare avec Hans. Expliquez comment vous êtes.

Apprenons

11	onze	12	douze	13	treize	14	quatorze	15	quinze
16	seize	17	dix-sept	18	dix-huit	19	dix-neuf	20	vingt

20	vingt	21	vingt et un	22	vingt-deux ...
30	trente	31	trente et un	32	trente-deux ...
40	quarante	41	quarante et un	42	quarante-deux ...
50	cinquante	51	cinquante et un	52	cinquante-deux ...

Lecture : Devinette

Il est très jeune. Il est petit. Il a un beau sourire. Il porte un manteau.
Il a les cheveux blonds. Il habite seul sur une planète. Il a une rose. Il aime beaucoup cette rose. Mais elle est quelquefois méchante avec lui.
Alors il quitte la planète et voyage beaucoup. Il arrive enfin sur la Terre. Dans le désert du Sahara, il rencontre un renard. Qui est-ce ?

C'est le Petit Prince.

Leçon 7

Il y a un minitel à la poste.

Unité 1. À la poste

Jina : Je voudrais un timbre à 46 centimes et une télécarte, s'il vous plaît.
L'employé : Il y a deux cartes : une carte à 50 unités et une à 120.
Jina : Une carte à 120, s'il vous plaît.
L'employé : Voilà.
Jina : C'est combien ?
L'employé : 15,70 euros, Mademoiselle.
Jina : Où sont les cabines téléphoniques ?
L'employé : Elles sont juste derrière vous.
Jina : Y a-t-il un annuaire ?
L'employé : Vous cherchez un numéro de téléphone ?
Jina : Oui.
L'employé : Il y a un minitel, là, à droite.
Jina : Merci, Monsieur !
L'employé : Je vous en prie.

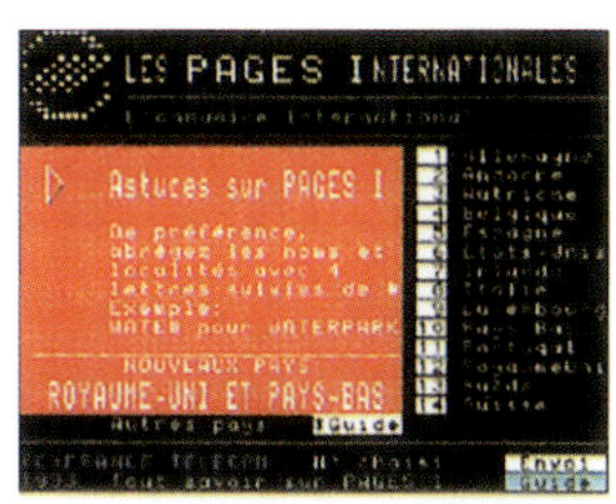

Unité 2. Devant le tabac

Jina	: Où vas-tu, Claire ?
Claire	: Je vais au kiosque pour acheter des journaux.
Jina	: Est-ce qu'il y a des journaux au kiosque ?
Claire	: Oui, au kiosque on vend des magazines, mais aussi des journaux.
Jina	: Ah bon ! Est-ce qu'on vend aussi des cigarettes ?
Claire	: Non, au kiosque il n'y a pas de cigarettes. Il faut aller au tabac.

Grammaire et Expressions

1. Il y a...

- *Il y a* une poste près d'ici.

Y a-t-il une poste près d'ici ?
(=*Est-ce qu'il y a* une poste près d'ici ?)
- Oui, *il y a* une poste près d'ici.
- Non, *il n'y a pas de* poste près d'ici.

Qu'est-ce qu'il y a dans le sac ?
- *Il y a* un dictionnaire.

2. Le pluriel des noms : cas particuliers

un journ*al*	un chap*eau*
des journ*aux*	des chap*eaux*

3. Les verbes

acheter		aller		vendre		vouloir	
j'	achète	je	vais	je	vends	je	veux
tu	achètes	tu	vas	tu	vends	tu	veux
il	achète	il	va	il	vend	il	veut
nous	achetons	nous	allons	nous	vendons	nous	voulons
vous	achetez	vous	allez	vous	vendez	vous	voulez
ils	achètent	ils	vont	ils	vendent	ils	veulent

Notes

- *Je voudrais* un timbre à 46 centimes.
- Il y a un minitel, là, *à droite* et un annuaire *à gauche*.
- *Il faut aller* au kiosque.

Apprenons

60	soixante	61	soixante et un	62	soixante-deux...
70	soixante-dix	71	soixante et onze	72	soixante-douze...
80	quatre-vingts	81	quatre-vingt-un	82	quatre-vingt-deux...
90	quatre-vingt-dix	91	quatre-vingt-onze	92	quatre-vingt-douze...
100	cent	101	cent un...	120	cent vingt...

Exercices

I. Mettez les verbes au présent.

1. Elle ________(aller) à l'église et ________(assister) à la messe.
2. Le fleuriste ________(vendre) des fleurs. J'________(acheter) des roses et vous ________ (acheter) des tulipes.
3. Vous ________(finir) les cours. Vous ________(être) en vacances.
4. Je ________(choisir) un gâteau. Pierre et moi, nous ________(partager) une tarte aux pommes.
5. Nous ________(voyager) beaucoup pendant les vacances.
   Nous ________(visiter) les monuments.
6. Nous ________ (commencer) à travailler.

II. Écrivez les nombres en lettres.

1. Ils ont ________ (5) enfants.
2. La tour de Yoïdo a ________________(63) étages.
3. J'ai ______________(21) ans.
4. Cette robe coûte ________________(120) euros.
5. Il y a ________________(80) élèves dans la classe.
6. Elle habite ________________(76) rue Montmartre.

III. Un peu de calcul !

1. six fois sept font ____________.
2. huit fois sept font ____________.
3. neuf fois cinq font____________ .
4. trois fois quinze font____________.
5. sept fois neuf font____________.
6. cinq fois douze font____________.
7. quatre fois huit font____________ .
8. trois fois quatorze font____________.
9. sept fois sept font ____________.
10. onze fois cinq font____________.

IV. Écrivez des phrases comme dans l'exemple.

poste ▶ Je vais à la poste pour acheter un timbre.

1. cinéma ▶ Nous ____
2. université ▶ Vous ____
3. restaurant ▶ Nous ____

4. kiosque ▶ Je ______________________________

5. bibliothèque ▶ Il ______________________________

6. concert ▶ Ils ______________________________

7. librairie ▶ Elles ______________________________

8. tabac ▶ Je ______________________________

9. banque ▶ Il ______________________________

V. Écrivez.

1. Complétez le texte.

Jina entre (   ) la poste. Elle demande un (   ) et une (   ).
Il y a deux cartes : une carte à 50 unités et une à 120. Elle (   ) une carte à 120. Et puis elle cherche les (   ) téléphoniques. Elles sont juste (   ) Jina. A droite, (   ) un minitel.

2. Transposez le texte : Vous êtes Jina.

J'entre ______________________________

____

____

____

VI. Vrai ou faux ?

1. On achète des télécartes à la poste. (   )
2. On ne vend pas de timbres au tabac. (   )
3. On vend des journaux à la poste. (   )
4. On utilise le minitel pour chercher des numéros de téléphone. (   )

VII. Regardez l'image.

1. Répondez aux questions.

1. Qu'est-ce qu'il y a sur le bureau ?

___

2. Y a-t-il un lit dans la pièce ?

___

3. Dans la pièce, est-ce qu'il y a une télévision ?

___

4. Qu'est-ce qu'il y a sur la chaise ?

___

5. Où est le chat ?

___

6. De quelle couleur est le chat ?

___

7. Où est l'armoire ?

___

2. Décrivez l'image.

___

___

___

___

Leçon 8

Quel âge a-t-il ?

Unité 1. Une photo de la famille Kim

Claire : Jina, c'est une photo de ta famille ?
Jina : Oui.
Claire : Qui est ce garçon à côté de toi ?
Jina : C'est mon frère.
Claire : Quel âge a-t-il ?
Jina : Il a vingt-deux ans.
Claire : Il a l'air très gentil. En plus, il est très beau.
Qu'est-ce qu'il fait dans la vie ?
Jina : Il est étudiant en médecine.
Mais tu es bien curieuse !
Malheureusement pour toi, il a déjà une copine...
Claire : C'est dommage !

Unité 2. À la bibliothèque

Claire : Jina ! Qu'est-ce que tu fais ?

Jina : Je cherche un livre.

Claire : Quel livre ?

Jina : Un roman de Marguerite Duras, *L'Amant*.
C'est mon auteur préféré.
Quel est ton auteur préféré ?

Claire : Milan Kundera. J'aime beaucoup ses romans.
J'attends son prochain roman avec impatience.

Jina : Il est encore vivant ?

Claire : Bien sûr. Il a 81 ans.*
Il habite en France depuis 1975 et il écrit maintenant en français.

* Milan Kundera est né en 1929 en Tchécoslovaquie.

Grammaire et Expressions

1. L'adjectif interrogatif

quel	quelle
quels	quelles

Quel âge as-tu ?	- J'ai vingt ans.
Quelles fleurs aimez-vous ?	- J'aime les lys et les roses.
De *quelle* couleur est sa robe ?	- Elle est blanche.
Quels sont vos acteurs préférés ?	- Ce sont Audrey Tautou et Jean Reno.
Quelle est votre adresse ?	- 93, Boulevard Saint-Michel.
Quelle est votre nationalité ?	- Je suis coréenne.
Quelle est votre profession ?	- Je suis journaliste.

2. Les adjectifs possessifs

mon	ma	mes
ton	ta	tes
son	sa	ses
notre	notre	nos
votre	votre	vos
leur	leur	leurs

Ce sont *ses* parents : *son* père est ingénieur
et *sa* mère est professeur.

Attention :
Ton amie s'appelle Juliette ?
Mon école est loin d'ici.

3. Les verbes

attendre	
j'	attends
tu	attends
il	attend
nous	attendons
vous	attendez
ils	attendent

écrire	
j'	écris
tu	écris
il	écrit
nous	écrivons
vous	écrivez
ils	écrivent

Notes

- *Malheureusement*, il n'est pas là.
- *C'est dommage* !
- 1975 : mille neuf cent soixante-quinze

Exercices

I. Trouvez la question. Utilisez *quel / quelle / quels / quelles*.

1. ____?
   - Je suis coréenne.
2. ____?
   - Mes auteurs préférés sont Camus et Sartre.
3. ____?
   - Je regarde les photos d'Italie.
4. ____?
   - J'écoute «Les yeux ouverts» d'Enzo Enzo.
5. ____?
   - Ma voiture est rouge.

II. Conjuguez les verbes.

1. Nous_______________(faire) la cuisine.
2. Qu'est-ce que vous_______________(faire) ?
3. Ils_____________(faire) la sieste.
4. Elles______________(vendre) des disques.
5. Il_______________(écrire) son journal.
6. Vous_______________(écrire) souvent à vos parents ?
7. J'_______________(attendre) son retour.

III. Complétez le texte en utilisant *habiter, attendre, aller, écrire, aimer, chercher.*

Jina (   ) à la bibliothèque pour (   ) un roman de M. Duras. C'est son auteur préféré. Et Claire (   ) beaucoup les romans de M. Kundera. Il (   ) en France et (   ) maintenant en français. Claire (   ) son prochain roman.

IV. Complétez les phrases avec les adjectifs possessifs.

1. Où est ta maison ?
   - Voilà _______ maison.
2. Où sont vos livres ?
   - Voici _______ livres.
3. Est-ce que Nathalie est ton amie ?
   - Non, elle n'est pas _______ amie.
4. Est-ce que Mireille habite seule ?
   - Non, elle habite avec _______ parents.
5. Est-ce que Sophie et Louis sont les enfants de Monsieur et Madame Leblanc ?
   - Oui, ce sont _______ enfants.

V. Expliquez en français.

1. Il étudie la médecine. ▶ Il ______________________________
2. Claire pose beaucoup de questions. ▶ Elle ______________________________
3. Ses livres sont en français. ▶ Il ______________________________

VI. Vous êtes journaliste. Il y a aujourd'hui la conférence de presse d'une grande star. Posez lui beaucoup de questions, vous êtes très curieux(se).

(nom, adresse, âge, famille...)

VII. Transposez le dialogue de l'unité 1 deux par deux à l'oral. Paul et Pierre parlent. Pierre parle de sa sœur.

VIII. Présentez cette famille.

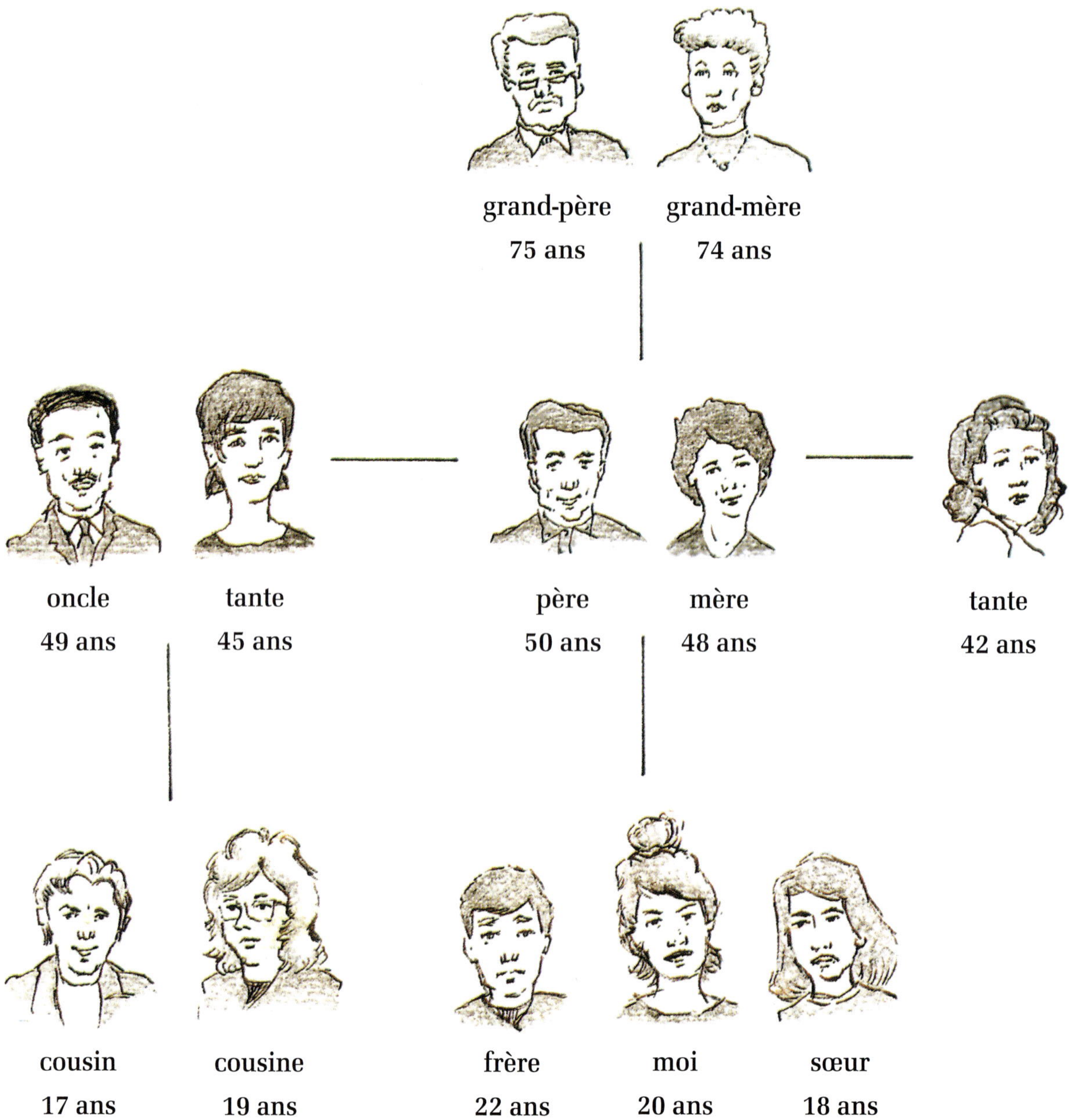

Leçon 9

À la terrasse d'un café

Unité 1. Dans un restaurant français

Le serveur	:	Vous désirez ?
Pierre	:	Quel est le plat du jour ?
Le serveur	:	Le plat du jour, c'est le steak frites. Aujourd'hui, la viande est très bonne.
Jina	:	Moi, je préfère le poisson. Je voudrais du poisson avec du riz.
Pierre	:	Pour moi, un steak salade.
Le serveur	:	Comment voulez-vous votre viande ? Saignante ?
Pierre	:	À point, s'il vous plaît.
Jina	:	Tu ne prends pas de frites ?
Pierre	:	Non, je n'en prends pas. Je n'aime pas les frites.
Le serveur	:	Qu'est-ce que vous prenez comme boisson ?
Pierre	:	Tu veux boire quelque chose ?
Jina	:	Oui, de l'eau.
Pierre	:	Une demi-bouteille de bordeaux et une bouteille d'eau minérale, s'il vous plaît.
Le serveur	:	Merci.

(Après le plat...)

Le serveur : Vous désirez un dessert ?
Pierre : Jina, tu veux un dessert ?
Jina : Non merci, un café, s'il te plaît.
Pierre : Alors deux cafés et l'addition, s'il vous plaît.

Unité 2. J'ai mal à la tête.

Mme Durand : À table, les enfants !
Pierre : J'ai faim, maman.
Claire : Moi, je n'ai pas très faim.
Mme Durand : Qu'est-ce que tu as ?
Claire : Je suis malade. J'ai mal à la tête.

(Mme Durand met la main sur le front de Claire.)

Mme Durand : Tu as de la fièvre. Tu veux de l'aspirine ?
Claire : Oui, je veux bien.
Pierre : Tu as les yeux rouges ! Tu travailles trop sur ton ordinateur.
Claire : C'est vrai.
J'ai beaucoup de devoirs de français, d'anglais et de mathématiques.
Mme Durand : Combien d'heures de cours as-tu par semaine ?
Claire : J'en ai vingt.
Pierre : Vingt heures ! C'est beaucoup !
Claire : Oui, c'est pour ça que je suis toujours fatiguée.
Mme Durand : Ma pauvre chérie ! Tu as besoin de repos.

Grammaire et Expressions

1. L'article partitif

- Qu'est-ce que vous mangez ?

- *Du* pain	*De la* salade
De la soupe	*De la* viande
Du poisson	*Du* riz
Du fromage	

- Qu'est-ce que vous buvez ?

- *De* l'eau	*De la* bière
Du vin	*Du* thé
Du café	*Du* lait
Du jus d'orange	

- Prenez-vous *du* café ?
  - Non, je ne prends pas *de* café.
- Voulez-vous *de la* soupe ?
  - Non, je ne veux pas *de* soupe.

2. Le pronom neutre *en* (I)

du
de la
des
d' + N = en

Voulez-vous *du pain* ?	- Oui, j'*en* veux bien.
Y a-t-il *de la soupe* ?	- Oui, il y *en* a.
Tu prends *des frites* ?	- Non, je n'*en* prends pas.
As-tu *une* voiture ?	- Oui, j'*en* ai *une*.
A-t-elle *un* petit ami ?	- Non, elle n'*en* a pas.
Combien de cours as-tu ce semestre ?	- J'*en* ai *sept*.
Combien d'habitants y a-t-il à Séoul ?	- Il y *en* a *douze millions*.
Il a *beaucoup d'amies* ?	- Oui, il *en* a *beaucoup*.

3. Tu veux boire *quelque chose* ? - Non, je *ne* veux *rien*.

Tu fais *quelque chose* ce soir ? - Non, je *ne* fais *rien*.

Dans ce restaurant, *rien n*'est bon.

4. J'ai mal à la tête.

Tu *as mal aux* dents ?

Il *a mal au* dos.

Elle *a mal à* l'estomac.

Où as-tu mal ?

▶ J'*ai mal au* ventre.

J'*ai froid*.

J'*ai chaud*.

J'*ai faim*.

J'*ai soif*.

J'*ai sommeil*.

J'*ai peur*.

5. Les verbes

préférer		prendre		boire		mettre	
je	préfère	je	prends	je	bois	je	mets
tu	préfères	tu	prends	tu	bois	tu	mets
il	préfère	il	prend	il	boit	il	met
nous	préférons	nous	prenons	nous	buvons	nous	mettons
vous	préférez	vous	prenez	vous	buvez	vous	mettez
ils	préfèrent	ils	prennent	ils	boivent	ils	mettent

Notes

- Je n'*aime* pas *la* bière, je *préfère le* vin.
- Elles *ont besoin de* repos.
- J'*ai besoin d*'un stylo.
- *C'est pour ça que* je suis toujours fatiguée.

Exercices

I. Complétez les phrases.

1. Au déjeuner, Pierre mange (　　　　) viande avec (　　　　) salade.
2. Il ne boit pas (　　　　) café, il préfère (　　　　) thé.
3. Le matin, elle prend (　　　　) pain et (　　　　) lait.
4. Je ne bois pas (　　　　) alcool, je bois (　　　　) eau.
5. Je prends (　　　　) poisson. Je n'aime pas (　　　　) viande.
6. Claire prend (　　　　) aspirine parce qu'elle a (　　　　) fièvre.

II. Répondez aux questions avec *en*.

1. Est-ce que vous prenez du riz au petit déjeuner ?
   - Oui, ________________________________
   - Non, ________________________________
2. Voulez-vous des gâteaux après le dîner ?
   - Oui, ________________________________
   - Non, ________________________________
3. Est-ce qu'il y a une église dans votre quartier ?
   - Oui, ________________________________
   - Non, ________________________________
4. Vous avez beaucoup d'amies ?
   - Oui, ________________________________
   - Non, ________________________________
5. Tu as de l'argent ?
   - Oui, ________________________________
   - Non, ________________________________
6. Combien d'heures de cours avez-vous ce semestre ?
   - ________________________________

III. Répondez négativement en utilisant *rien*.

1. Qu'est-ce qu'il prend au petit déjeuner ?
   - ________________________________
2. Y a-t-il quelque chose à manger dans le frigo ?
   - Non, ________________________________
3. Est-ce qu'elle prépare quelque chose pour l'anniversaire de Pierre ?
   - Non, ________________________________

IV. Mettez les verbes au présent.

1. Qu'est-ce que vous ________(vouloir) ?
2. Nous ____________ (manger) une pizza.
3. Nous ____________ (boire) du coca.
4. Nous ____________(aller) au restaurant pour fêter l'anniversaire de ma mère.
5. Mes parents ____________(prendre) du poisson.
6. Mon frère et moi, nous ____________ (prendre) de la viande.
7. Après le dîner, mon frère____________ (demander) une glace
   et moi, je ________ (vouloir) une mousse au chocolat.
8. Mon père ne ________ (vouloir) pas de dessert.
9. Il ________(prendre) seulement du café et ma mère ___________(préférer)
   le thé au ginseng.

V. Où avez-vous mal...

1. Si vous regardez la télévision toute la nuit, ______________________________
2. Si la musique est trop forte, ______________________________
3. Si vous marchez vingt kilomètres, ______________________________
4. Si vous allez chez le dentiste, ______________________________
5. Si vous étudiez quatre heures par jour, ______________________________

VI. Expliquez en français.

1. J'ai besoin de manger. ▶ ______________________________
2. J'ai besoin de boire. ▶ ______________________________
3. J'ai besoin de dormir. ▶ ______________________________

VII. En utilisant *prendre, manger* et *boire*, expliquez...

1. ce que vous prenez au petit-déjeuner
2. ce que vous mangez à midi à l'université
3. ce que vous prenez au restaurant avec vos amis
4. ce que vous mangez le soir chez vous

VIII. Imaginez la conversation et parlez.

Pierre et Jina sont au restaurant. Le serveur prend la commande.

Lecture

Un dîner entre amis

J'habite seul dans un studio loin de chez mes parents. Ce soir, j'ai cinq amis à dîner. Dans le tiroir de la table, j'ai assez de fourchettes, de cuillères et de couteaux. Mais je n'ai que trois assiettes et trois verres. Je vais donc chez la voisine pour emprunter des assiettes et des verres. Comme je n'ai pas beaucoup d'argent et que ma cuisine est petite, je ne prépare pas un grand repas. J'achète du pain à la boulangerie, du jambon, du fromage et du vin au supermarché. Heureusement, j'ai une belle salade et des fruits du jardin de ma tante : elle habite près de chez moi.

---

*ne~que = seulement

Leçon 10

Quelle heure est-il ?

Unité 1. Avant le repas

Claire : Quelle heure est-il ?
Pierre : Il est sept heures et demie.
Claire : Déjà ? Oh là là !
Les invités vont bientôt arriver et je ne suis pas prête.
Pierre : Tu veux de l'aide ?
Claire : Oui, je veux bien. Tu peux mettre le couvert ?
Pierre : D'accord. On est combien ?
Claire : On est huit.
Pierre : Qu'est-ce que tu prépares ?
Claire : Comme plat principal, du rôti de boeuf et comme dessert,
une tarte aux pommes.
Pierre : Hmm, ça sent bon ! C'est la tarte ?
Claire : Oui, je vais sortir la tarte du four à huit heures moins le quart.
Pierre : Il n'y a rien comme entrée ?
Claire : Si, il y a du melon et du jambon.
Pierre : Hmm, ça donne faim !

Unité 2. La soirée

Jina : Excuse-moi. Je suis en retard. Il y a des embouteillages partout.

Claire : Ce n'est pas grave. Il n'est que huit heures et demie.
On est en train de prendre l'apéritif.

Jina : Tout le monde est là ?

Claire : Non, Eric n'est pas encore là.
Il vient de téléphoner de la station de métro.
Il va arriver dans cinq minutes.

(Jina salue ses amis. Elle ne trouve pas Pierre.)

Jina : Pierre n'est pas là ?

Claire : Si, il vient de sortir pour acheter quelques bouteilles de vin.
Tu veux boire quelque chose ? J'ai du jus d'orange, du Pastis, du Martini...

Jina : Je voudrais du jus d'orange, s'il te plaît.

Grammaire et Expressions

1. Quelle heure est-il ?

l'heure courante		l'heure officielle
Il est six heures	06 : 00	Il est six heures
Il est six heures cinq	06 : 05	Il est six heures cinq
Il est six heures *et quart*	06 : 15	Il est six heures quinze
Il est midi *et demi*	12 : 30	Il est douze heures trente
Il est une heure *et demie* (de l'après-midi)	13 : 30	Il est treize heures trente
Il est neuf heures *moins le quart* (du soir)	20 : 45	Il est vingt heures quarante-cinq
Il est *minuit et demi*	00 : 30	Il est zéro heure trente

- *Vous avez l'heure ?* - Oui, il est deux heures vingt.
- *À quelle heure* arrive le train de Berlin ?
  - Il arrive *à* treize heures.

2. Le futur proche : *aller + infinitif*

- Qu'est-ce que tu *vas faire* pendant les vacances ?
  - Je *vais aller* à Jeju.
- Madame Leblanc *va travailler* au Canada l'an prochain.

3. Le passé récent : *venir de + infinitif*

- As-tu faim ? - Non, je *viens de* manger.
- Marie est là ? - Oui, elle *vient d'*arriver.

4. Le présent progressif : *être en train de + infinitif*

- Qu'est-ce que tu fais ? - Je suis en train de travailler.

5. Les verbes

pouvoir		venir		sortir	
je	peux	je	viens	je	sors
tu	peux	tu	viens	tu	sors
il	peut	il	vient	il	sort
nous	pouvons	nous	venons	nous	sortons
vous	pouvez	vous	venez	vous	sortez
ils	peuvent	ils	viennent	ils	sortent

Notes

- *Ça sent bon !*
- *Excuse-moi !*
- *Ça donne faim !*
- Je suis *en retard*.
  Je suis *à l'heure*.
  Je suis *en avance*.

Exercices

I. Répondez aux questions en regardant les tableaux horaires.

Arrivée	11 : 30	12 : 45	13 : 10
Provenance	Londres	Paris	New York

1. À quelle heure arrive l'avion de Paris ? ▶ ____________________
2. À quelle heure arrive l'avion de New York ? ▶ ____________________
3. À quelle heure arrive l'avion de Londres ? ▶ ____________________

II. Quelle heure est-il ? Dites-le autrement !

1. Il est vingt heures. ▶ ____________________
2. Il est quatorze heures. ▶ ____________________
3. Il est sept heures trente du matin. ▶ ____________________
4. Il est huit heures moins le quart. ▶ ____________________
5. Il est six heures trente du soir. ▶ ____________________
6. Il est quinze heures cinquante. ▶ ____________________

III. Transformez les phrases comme dans l'exemple.

Sophie prépare le dîner.

▶ Sophie va préparer le dîner.
▶ Sophie vient de préparer le dîner.
▶ Sophie est en train de préparer le dîner.

1. Les invités arrivent.
   ① ____________________
   ② ____________________
   ③ ____________________

2. On met les couverts et les serviettes.
   ① ____________________
   ② ____________________
   ③ ____________________

3. Nous prenons l'apéritif.
   ① ____________________
   ② ____________________
   ③ ____________________

4. Le train de Moscou arrive.
   ① ____________________
   ② ____________________
   ③ ____________________

IV. Réécrivez le dialogue dans l'ordre.

- Oui, il est 7 heures. Pourquoi ?
- Ce n'est pas loin. Tu peux arriver à l'heure.
- Parce que j'ai un billet pour *Don Giovanni.*
- Tu as l'heure ?
- Ça commence à 7 heures et demie à la Bastille.
- À quelle heure commence le spectacle ?

Sophie : ______________________________
Bernard : ______________________________
Sophie : ______________________________
Bernard : ______________________________
Sophie : ______________________________
Bernard : ______________________________

V. Qu'est-ce que vous faites ? Décrivez votre emploi du temps.

- 7h			
- 8h			
- 9h	français		
- 10h	français	- 15h	bibliothèque
- 11h	français	- 16h	bibliothèque
- 12h	: Marie, cantine	- 17h	bibliothèque
		- 18h	: Jina, Sorbonne
- 13h	civilisation française	- 19h	
- 14h	civilisation française	- 20h	
		- 21h	: Pierre, cinéma
		- 22h	

VI. Dites trois choses que vous ne pouvez pas faire dans la classe. Faites des phrases complètes.

VII. Dites trois choses que vous pouvez faire à l'université. Faites des phrases complètes.

VIII. Qu'est-ce que vous mettez dans votre sac à dos tous les matins ? Faites des phrases complètes.

Leçon 11

Quel beau temps !

Unité 1. Que le temps est triste !

Philippe : Que le temps est triste !
Mijou : C'est vrai. Il pleut depuis trois jours.
Philippe : Normalement, en automne il fait beau à Séoul, n'est-ce pas ?
Mijou : Oui. Il fait très beau et le ciel est bleu.
Mais cette année, il fait mauvais et le ciel est gris.
Je ne sais pas pourquoi.
Philippe : Ce n'est pas à cause de la pollution ?
Mijou : Si, sans doute. Il y a tellement de voitures à Séoul !
Philippe : C'est un gros problème.
Mijou : À Paris, quel temps fait-il en automne ?
Philippe : Il ne fait pas très beau, mais c'est très romantique
avec les feuilles mortes.

Unité 2. Quel beau temps !

Namsou : Pierre ! Tu veux jouer au tennis avec moi après le cours ?

Pierre : Oui, c'est une bonne idée.
Aujourd'hui, le temps est magnifique.

Namsou : C'est vrai ! il ne fait ni trop chaud ni trop froid.
C'est un temps idéal pour faire du sport.

Pierre : Oui, mais il ne faut pas jouer longtemps. Je vais à un concert ce soir.

Namsou : Quel concert ?

Pierre : Un concert de charité pour les enfants du Tiers Monde.
Mon oncle participe à ce concert.

Namsou : Mais... Ton oncle n'est pas médecin ?

Pierre : Si, mais il aime beaucoup la musique et il joue du violon depuis quinze ans.

Namsou : Il est super, ton oncle !

Grammaire et Expressions

1. La phrase exclamative

Quel beau temps !
Quel mauvais temps !
Que le temps est triste !
Qu'il est beau, ce garçon !
Comme il est gros, ton sac !

2. Quel temps fait-il ?

Il fait beau.
Il y a du soleil.

Il fait chaud.

Il fait mauvais.

Il fait froid.

Il pleut.

Il y a du vent.

Il neige.

3. Les saisons

En Corée, il y a quatre saisons : le printemps, l'été, l'automne et l'hiver.
Au printemps, il fait doux.
En été, il fait chaud.
En automne, il fait bon.
En hiver, il fait froid.

4.

Je fais *du* tennis.
Je fais *du* golf.
Je fais *du* football.

Je fais *du* piano.
Je fais *du* violon.
Je fais *de la* guitare.

Je fais *du* ski.
Je fais *de la* natation.
Je fais *du* sport.

Je joue *au* tennis.
Je joue *au* golf.
Je joue *au* football.

Je joue *du* piano.
Je joue *du* violon.
Je joue *de la* guitare.

5. ne... ni... ni...

Il *ne* fait *ni* chaud *ni* froid.
Il *n'*a *ni* frères *ni* sœurs.

6. Les verbes

savoir	
je	sais
tu	sais
il	sait
nous	savons
vous	savez
ils	savent

- verbes impersonnels

pleuvoir : *Il pleut.*
neiger : *Il neige.*

Notes

- Il y a *tellement de* voitures à Séoul.

Exercices

I. Complétez les phrases avec *au, de la, du.*

1. En été, nous faisons __________ natation.
2. En hiver, je fais __________ ski.
3. Le samedi, mon père joue __________ golf.
4. Depuis 10 ans, mon frère joue __________ piano.
5. Mon frère joue __________ guitare.
6. Les Coréens jouent bien __________ football.
7. Les jeunes font __________ sport.

II. Conjuguez les verbes au présent.

1. __________ (pouvoir)-vous venir chez moi ?
2. Nous __________ (mettre) de beaux vêtements pour un mariage.
3. Elle __________ (vouloir) sortir ce soir.
4. Tu __________ (savoir) jouer du violon ?
5. À quelle heure __________ (sortir)-vous ?

III. Dites-le autrement.

1. Philippe fait du violon. ▶ ______________________________
2. Nami fait de la guitare. ▶ ______________________________
3. M. Kim fait du golf. ▶ ______________________________
4. Hélène fait du tennis. ▶ ______________________________
5. M. Durand fait un voyage en Asie. ▶ ______________________________
6. Namsou fait bien la cuisine. ▶ ______________________________

IV. Faites une seule phrase en utilisant «ne... ni... ni».

1. Viviane n'a pas de frère et elle n'a pas de sœur.

   ▶ ______________________________

2. Il ne fait pas chaud et il ne fait pas froid.

   ▶ ______________________________

3. Nicole n'est pas grande et elle n'est pas petite.

▶ ______________________________

4. Pierre n'est pas gros et il n'est pas mince.

▶ ______________________________

V. Quel temps fait-il en Corée ?

1. Au printemps, ______________________________
2. En été, ______________________________
3. En automne, ______________________________
4. En hiver, ______________________________

Et en France ? ______________________________

VI. Décrivez les images.

1. ______________________________

2. ______________________________

VII. Transposez le dialogue de l'unité 1 et jouez deux par deux !

Namsou propose à Pierre d'aller skier. Il neige. Mais Pierre va au théâtre ce soir pour voir sa sœur qui étudie l'art dramatique (après son travail à la banque) tous les soirs.

Leçon 12

Quel jour sommes-nous ?

Lundi Mardi Mercredi Jeudi Vendredi Samedi Dimanche

Unité 1. Un homme très occupé

Jina : Quel jour sommes-nous ?
Pierre : Nous sommes jeudi.
Jina : Qu'est-ce que tu fais maintenant ?
Pierre : Je vais à la piscine.
Jina : Tu vas à la piscine tous les jours ?
Pierre : Non, deux fois par semaine, le lundi et le jeudi.
Jina : Et les autres jours ?
Pierre : Le mardi et le vendredi, je fais du jogging dans le parc près de chez moi.
Le mercredi et le samedi, je joue au tennis.
Jina : Quel sportif ! Et le dimanche, qu'est-ce que tu fais ?
Pierre : Le dimanche, en général, je reste à la maison.
Et toi, qu'est-ce que tu fais comme sport ?
Jina : Je fais de la natation et je marche beaucoup.
Pierre : Tu veux venir avec moi à la piscine ?
Jina : Non, désolée, je ne peux pas. J'ai des amis à dîner ce soir.
Je dois faire la cuisine.

Unité 2. Le 14 juillet

Namsou : Le combien sommes-nous ?
Pierre : Nous sommes le 5 juin.
Namsou : Que le temps passe vite !
Aujourd'hui c'est le premier jour de l'exposition Picasso.
Tu veux venir avec moi ?
Pierre : Non, je ne peux pas. Désolé. J'ai des examens à préparer.
Namsou : Quand passes-tu tes examens ?
Pierre : Du 10 au 17 juin. Au fait, tu restes à Paris jusqu'à quand ?
Namsou : Je pars le 21 juillet.
Pierre : Alors nous avons bien le temps d'aller voir cette exposition.
Et puis, nous allons pouvoir fêter ensemble le 14 juillet.
Namsou : Le 14 juillet ? C'est la fête nationale, n'est-ce pas ?
Qu'est-ce que vous faites ce jour-là ?
Pierre : Le matin, on va voir le défilé aux Champs-Elysées et le soir, il y a
un feu d'artifice au Trocadéro, devant la Tour Eiffel.

Grammaire et Expressions

1. Les jours de la semaine

- *Quel jour sommes-nous ?*
  - Nous sommes *lundi.*
- *Quel jour est-on aujourd'hui ?*
  - On est *mardi.*
- Qu'est-ce que tu fais *mercredi ?*
  - Je vais chez le dentiste.
- *Le dimanche*, je vais à l'église.

Décembre		Décembre	
15	Lundi	18	Jeudi
16	Mardi	19	Vendredi
17	Mercredi	20	Samedi
☎		21	Dimanche

2. Le combien sommes-nous ?

- Nous sommes le *premier mai.*
- Nous sommes le *onze avril.*

3. **En janvier,** je fais du ski.
Au mois d'avril, je passe des examens.

1	janvier	2	février	3	mars
4	avril	5	mai	6	juin
7	juillet	8	août	9	septembre
10	octobre	11	novembre	12	décembre

4. L'adjectif *tout*

tout	toute
tous	toutes

- *Tout* le monde prépare les vacances.
- *Toute* la famille va venir au mariage.
- *Tous* les matins, je prends une douche.
- J'aime *toutes* les fleurs.

5. Les adjectifs numéraux ordinaux

1er : premier	6e : sixième
2e : deuxième	7e : septième
3e : troisième	8e : huitième
4e : quatrième	9e : neuvième
5e : cinquième	10e : dixième

Attention :
le premier
la première

6. Les verbes

devoir

je	dois	nous	devons
tu	dois	vous	devez
il	doit	ils	doivent

voir

je	vois	nous	voyons
tu	vois	vous	voyez
il	voit	ils	voient

partir

je	pars	nous	partons
tu	pars	vous	partez
il	part	ils	partent

Notes

- J'ai un examen *à* préparer.
- Nous avons un travail *à* finir.
- Je passe des examens *du* 10 *au* 17 juin.
- Nous *avons bien le temps d'*aller voir cette exposition.

Exercices

I. Complétez les phrases avec *du, d', à, au, comme, par.*

1. J'ai un devoir (   ) faire.
2. Ils ont bien le temps (   ) aller voir l'exposition.
3. Namsou reste à Paris (   ) 1er juin (   ) 15 août.
4. Je vais à la piscine deux fois (   ) semaine.
5. Qu'est-ce que tu fais (   ) sport ?

II. Mettez l'adjectif *tout* à la forme convenable.

1. Que faites-vous (   ) les jours ?
2. Il joue du violon (   ) la journée.
3. Nous allons visiter (   ) les pièces de ce palais.
4. (   ) le monde peut venir à cette fête.

III. Conjuguez les verbes au présent.

1. Nous ______________(devoir) faire du sport.
2. Quand ______________(partir) -vous pour Paris ?
3. Je ______________(devoir) aider ma mère.
4. Les enfants ______________(faire) du bruit sans cesse.
5. Est-ce que tu ______________(savoir) nager ?
6. Est-ce que vous ______________(voir) bien sans vos lunettes ?

IV. Que fait-on en Corée pour Chusok ?

V. Expliquez le mois, le jour ou la date.

1. Quand est-ce que vous fêtez votre anniversaire ?

   - ________________________________

2. Quand est-ce que vous allez à Yongpyong ?

   - ________________________________

3. Quand est-ce que vous allez chez vos grands-parents ?

   - ________________________________

4. Quand est-ce que vous allez au cinéma ?

   - ________________________________

5. Quand est-ce que vous faites du sport ? Quel sport est-ce ?

   - ________________________________

VI. Répondez en utilisant l'adjectif *tout* comme dans l'exemple.

Vous achetez seulement ce disque de Céline Dion ?

- Non, j'achète tous ses disques.

1. Ces étudiants font leurs devoirs ?

   - ________________________________

2. Vous lisez le début du livre ?

   - ________________________________

3. Vous connaissez ces trois étudiantes ?

   - ________________________________

4. Vous visitez cette partie du campus ?

   - ________________________________

VII. Qu'est-ce que je dois faire ?

1. Expliquez trois choses que vous devez faire cette semaine.
2. Expliquez trois choses que vous devez faire ce semestre.
3. Expliquez trois choses que vous devez faire aujourd'hui.
4. Expliquez trois choses que vous devez faire tous les jours.

VIII. Jina est au téléphone avec Claire. Elles veulent aller au cinéma ensemble. Trouvez le bon moment. Jouez le dialogue.

Le planning de Jina	Le planning de Claire
lundi	lundi
- 19 h : chez Michèle	- 16 h : dentiste
mardi	mardi
- 18 h : Nami, la Sorbonne	- 20 h : Théâtre de la Ville
mercredi	mercredi
- 16 - 20 h : centre Pompidou	
jeudi	jeudi
vendredi	vendredi
	- 18 h : piscine
samedi	samedi
- 14 h : Exposition de Picasso	- 19 h : chez Laurent
dimanche	dimanche
- Versailles	- chez grand-mère

Lecture

Le 14 juillet en France

Le 14 juillet 1789 est un jour très important dans l'histoire de France. Ce jour-là, les Parisiens ont pris* la Bastille, prison d'Etat. La prise de la Bastille symbolise le renversement de la monarchie absolue. C'est une révolution politique, mais aussi une révolution sociale.

Les Français fêtent chaque année l'anniversaire de la prise de la Bastille, victoire du peuple. La veille, on danse sur les places publiques de toutes les villes de France. Le matin, il y a un défilé sur les Champs-Elysées et le soir, il y a des feux d'artifice partout.

---

* prendre

Les jours fériés

En Corée

jour de la libération
le 15 août

fête des moissons
le 15 août (selon le calendrier lunaire)

fête des enfants
le 5 mai

fête des parents
le 8 mai

En France

jour de l'An
le 1er janvier

Noël
le 25 décembre

Pâques
entre le 22 mars et le 25 avril
(selon le calendrier lunaire)

fête nationale
le 14 juillet

Leçon 13

À l'aéroport

Unité 1. À l'aéroport d'Incheon

Philippe : Tiens, Inho ! Quelle surprise !
Inho : Bonjour, Philippe !
Philippe : Qu'est-ce que tu fais là ? Tu pars ?
Inho : Non, c'est ma sœur qui part. Elle va en France.
Philippe : Elle y va seule ?
Inho : Non, elle part avec deux autres filles de son université.
Philippe : Pour visiter la France ?
Inho : Oui, et aussi pour suivre les cours d'été de la Sorbonne.
L'université d'Ewha y envoie chaque année trois étudiantes.
Elle paie le voyage et le séjour.
Philippe : Pendant combien de temps ?
Inho : Pendant deux mois. Elle va suivre des cours de langue et de civilisation françaises. Et chaque week-end, la Sorbonne organise des excursions. Elle va visiter les châteaux de la Loire, le Mont-Saint-Michel...
Philippe : Ta sœur a vraiment de la chance !

Unité 2. À la gare de Lyon

(Au guichet)

Jina : Je voudrais deux billets pour Chamonix... le train de demain à 9 h 50.

Le guichetier : Un aller simple ?

Jina : Non, un aller-retour. Seconde classe, non fumeur.

Le guichetier : Vous avez une carte de réduction ?

Jina : Oui, tenez !

Le guichetier : C'est une période bleue, vous pouvez avoir 50 pour cent de réduction.

Jina : Ça fait combien ?

Le guichetier : Deux billets aller-retour pour Chamonix, demi-tarif, avec la réservation du T.G.V., ça fait 92,80 euros.

Jina : Il n'y a pas de changement ?

Le guichetier : Si, il y a une correspondance à St. Gervais.

Jina : Merci, Monsieur.

(Jina et Nami rencontrent Marie dans le hall.)

Marie : Salut, Jina ! Bonjour Nami !

Jina et Nami : Bonjour, Marie !

Marie : Vous partez en vacances ?

Jina : Oui, nous allons faire du ski à Chamonix.

Marie : Ah bon ! Justement j'en reviens.

Nami : Vraiment ? Comment sont les pistes ?

Marie : Géniales ! La neige est bonne et en ce moment il n'y a pas trop de monde. Alors bonnes vacances !

Grammaire et Expressions

1. Les pronoms neutres *y* (I) et *en* (II)

1) Elle va *en France.* ? - Oui, elle *y* va.
   Est-ce que tu vas *au marché* ? - Non, je n'*y* vais pas.

2) Est-ce que tu viens *de Séoul* ? - Oui, j'*en* viens.
   Est-ce que tu viens *au sauna* ? - Ah non, j'*en* sors.

2. La mise en relief

C'est ma sœur *qui* part.
C'est Sylvie *qu'*il aime.
C'est en France *que* je veux voyager.

3. Les verbes

suivre	
je	suis
tu	suis
il	suit
nous	suivons
vous	suivez
ils	suivent

envoyer	
j'	envoie
tu	envoies
il	envoie
nous	envoyons
vous	envoyez
ils	envoient

payer			
je	paie	je	paye
tu	paies	tu	payes
il	paie	il	paye
nous	payons	nous	payons
vous	payez	vous	payez
ils	paient	ils	payent

Notes

- *Tenez !*
- *Ça fait combien ?*
  - Ça fait 200 francs.
- Vous pouvez *avoir 50 % de réduction.*
- Vous *changez de* train à Genève.

Exercices

I. Mettez les verbes au présent.

1. C'est toi qui ________(partir) ?
2. Je ________(suivre) un cours de français.
3. Elle ________(envoyer) une lettre à un ami français.
4. Ils ont de la chance. Ils ne ________(payer) pas le loyer.
5. Nous ________(suivre) le guide au Louvre.
6. Aujourd'hui, c'est la Saint-Valentin. J'________(envoyer) un bouquet de fleurs à ma fiancée.
7. Dans certains musées on ne ________(payer) pas l'entrée le dimanche. C'est gratuit.

II. Transformez les phrases en utilisant *en, y*.

1. Ils sortent du cinéma à minuit.
   - ____________________
2. Je veux aller à Paris pour mes études.
   - ____________________
3. Nous sommes dans la chambre.
   - ____________________
4. Inho va en France.
   - ____________________
5. Il travaille chez son oncle.
   - ____________________
6. Elles vont parfois à la piscine.
   - ____________________
7. Ils viennent de la bibliothèque.
   - ____________________

III. Répondez en insistant comme dans l'exemple !

Qui étudie aux États-Unis ?
- C'est... qui...

1. Qui arrive d'Allemagne ?
   - ________________
2. Qu'est-ce que vous cherchez à la poste ?
   - ________________
3. Qu'est-ce que vous devez acheter ?
   - ________________
4. Où allez-vous ?
   - ________________
5. Quand partez-vous pour Paris ?
   - ________________

IV. Lecture et compréhension

Vous allez voyager en train ? Voilà quelques informations utiles pour faire un bon voyage. Pour prendre le train, il vaut mieux réserver votre place à l'avance. Pour le T.G.V., la réservation est obligatoire. Si vous avez moins de 26 ans, vous pouvez avoir jusqu'à 50 pour-cent de réduction. Avant de monter dans le train, il faut composter votre billet, sinon vous risquez de payer une amende.

V. Écrivez le dialogue deux par deux.

Vous souhaitez aller à Kyongju en utilisant les transports en commun, vous allez dans une agence de voyage, une personne vous explique comment vous pouvez y aller.

Leçon 14

Revenez avec votre passeport.

Unité 1. À la banque

(Jina va à la banque pour changer des dollars en euros et ouvrir un compte.)

Jina : Bonjour, Madame. Je voudrais un renseignement, s'il vous plaît.
Quel est le taux de change du dollar ?
L'employée : Le dollar est à 0,77 euros.
Jina : Je voudrais changer 200 dollars.
L'employée : Voilà, ça fait 153 euros.
Jina : Je peux ouvrir un compte ici ?
L'employée : Bien sûr. Vous avez une pièce d'identité ?
Jina : Voilà mon passeport et ma carte de séjour.
L'employée : Très bien. Il vous faut aussi un justificatif de domicile.
Jina : Où dois-je le demander ?
L'employée : Où habitez-vous ?
Jina : J'habite à la Cité Universitaire.
L'employée : Alors demandez-le au directeur de la résidence.
Jina : Entendu, je vais le lui demander. Je reviens demain avec tous les papiers.

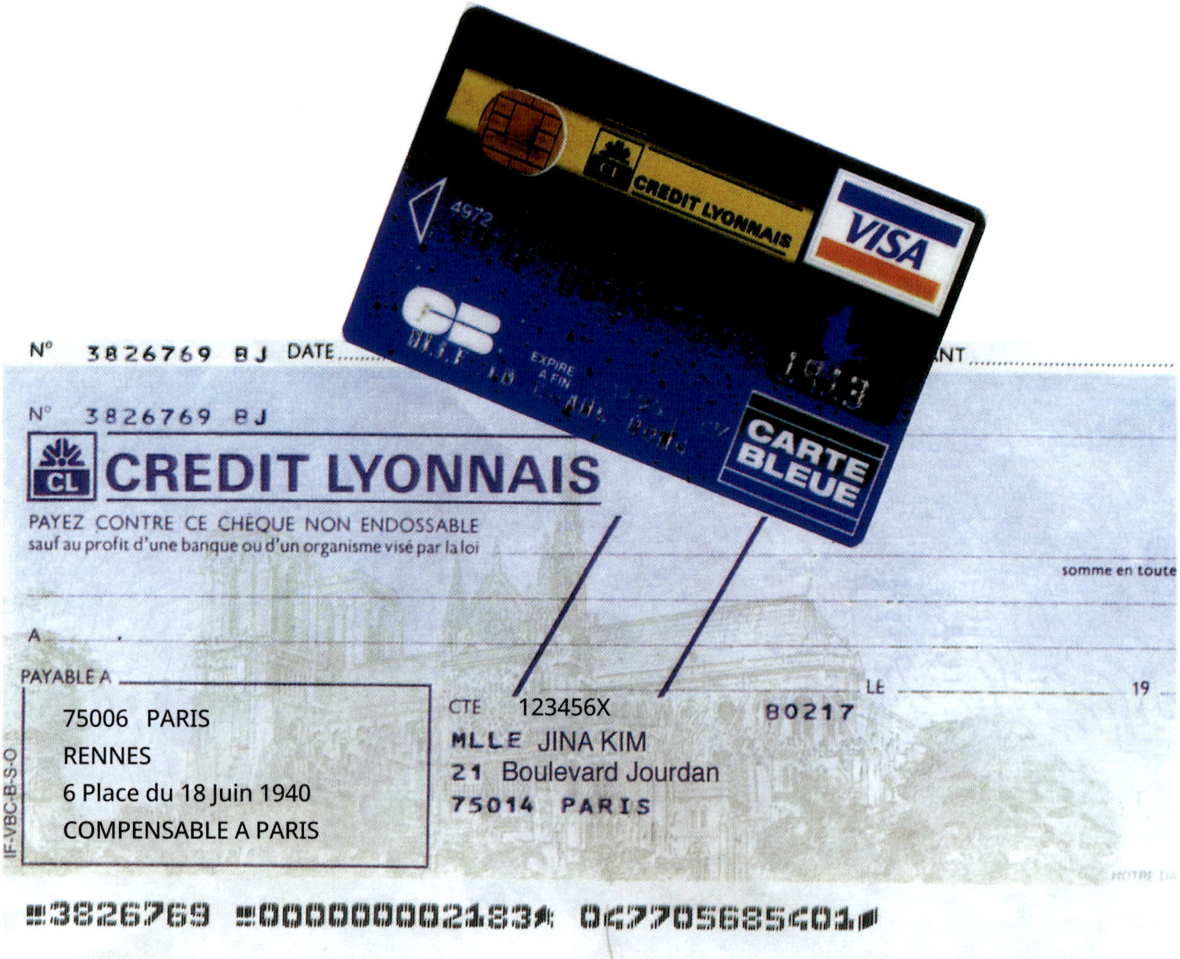

Unité 2. Le lendemain matin

Jina : Bonjour, Madame !
Voilà les papiers nécessaires.

L'employée : Remplissez le formulaire, s'il vous plaît !

Jina : Voyons, nom... prénom... date et lieu de naissance, nationalité, domicile... Voilà !

L'employée : Signez ici, Mademoiselle.

Jina : Quand est-ce que je peux avoir mon carnet de chèques ?

L'employée : Dans huit jours.

Jina : Est-ce que je dois passer à la banque ?

L'employée : Si vous voulez. Mais on peut aussi vous l'envoyer par la poste.
Vous n'avez pas besoin de carte bancaire ?

Jina : Si, j'en ai besoin.

L'employée : Pour la carte bancaire, vous devez venir la chercher vous-même.

Jina : Merci Madame. Au revoir !

Grammaire et Expressions

1. Les pronoms compléments d'objet direct

me
te
le / la
nous
vous
les

Je regarde *Paul.* ▶ Je *le* regarde.
J'aime *Marie.* ▶ Je *l'*aime.
Il attend *Sylvie et moi.* ▶ Il *nous* attend.
Je veux voir *Marie.* ▶ Je veux *la* voir.

2. Les pronoms compléments d'objet indirect

me
te
lui
nous
vous
leur

Je téléphone *à mon professeur.* ▶ Je *lui* téléphone.
Il donne ce livre *à Marie.* ▶ Il *lui* donne ce livre.
Je vais écrire *à mes parents.* ▶ Je vais *leur* écrire.

3. L'ordre des pronoms compléments

			le	lui							
S	(ne)	me	la	leur	+	(y)	+	(en)	+	V	(pas)
		te	les								
		nous									
		vous									

Je *vous* donne *le plan.* ▶ Je *vous le* donne.
Il offre *ce sac à sa fiancée.* ▶ Il *le lui* offre.
Tu peux emmener *ta sœur à l'école* ? ▶ Tu peux *l'y* emmener?
J'offre *des fleurs à Marie.* ▶ Je *lui en* offre.

4. L'impératif

Tu regardes.	▶ Regarde !
Nous regardons.	▶ Regardons !
Vous regardez.	▶ Regardez !

Finis !
Finissons !
Finissez !

Fais !
Faisons !
Faites !

Regarde-moi !	Ne me regarde pas !
Donnez-la-moi !	Ne me la donnez pas !
Prenez-en !	N'en prenez pas !
Allez-y !	N'y allez pas !

Attention : Vas-y !
N'y va pas !

5. Verbe

ouvrir	
j'	ouvre
tu	ouvres
il	ouvre
nous	ouvrons
vous	ouvrez
ils	ouvrent

Notes

- Je voudrais changer des dollars *en* francs.
- *Il faut* aussi *un justificatif de domicile.*
- *Ça y est* !

Exercices

I. Transformez les phrases en utilisant un pronom.

1. Il finit *son roman.*

   ▶ ______________________________

2. Je ne vois pas *Paul* dans la classe.

   ▶ ______________________________

3. Vous téléphonez *à votre ami.*

   ▶ ______________________________

4. Je n'ai pas *le numéro de téléphone de Jean.*

   ▶ ______________________________

5. Marie apporte à la banque *les papiers nécessaires* pour ouvrir un compte.

   ▶ ______________________________

6. Je vais demander *à mes parents* leur avis.

   ▶ ______________________________

7. Nous avons besoin *de repos.*

   ▶ ______________________________

II. Transformez les phrases en utilisant deux pronoms.

1. On va louer *cette chambre à Paul.* ▶ ______________________________
2. Je *te* prête *ce livre.* ▶ ______________________________
3. Elle envoie *des chocolats à sa grand-mère.* ▶ ______________________________
4. Nous attendons *Marie devant l'Opéra.* ▶ ______________________________
5. Elle achète *des bonbons à ses enfants.* ▶ ______________________________
6. Elle ne trouve pas *son dossier dans le bureau.* ▶ ______________________________

III. Transformez les phrases en utilisant l'impératif.

1. Nous faisons ces exercices. ▶ ______________________________
2. Tu ne regardes pas la télé. ▶ ______________________________
3. Tu finis tes devoirs. ▶ ______________________________
4. Tu lui apportes une chaise. ▶ ______________________________
5. Vous me le donnez tout de suite. ▶ ______________________________

IV. Répondez négativement en utilisant l'impératif.

1. Nous devons sortir ? - ____________________
2. Je dois appeler Pierre ? - ____________________
3. Je peux fumer ici ? - ____________________
4. Je peux aller au restaurant maintenant ? - ____________________
5. J'écris à Namsou ? - ____________________
6. Je dois manger beaucoup de viande ? - ____________________
7. Je peux faire du sport ? - ____________________

V. Donnez des conseils.

1. Votre ami est très fatigué. Qu'est-ce que vous lui dites ?
   - ____________________
2. Vous avez un examen. Que vous dit votre mère ?
   - ____________________
3. Vous avez une mauvaise note. Que vous dit votre professeur ?
   - ____________________
4. Votre amie mange trop. Elle va grossir. Qu'est-ce que vous lui dites ?
   - ____________________
5. Vous voulez aller en Inde. Mais en ce moment, il y fait trop chaud.
   Que vous dit votre père ?
   - ____________________

VI. Nami est à l'université et elle doit venir chez vous. Expliquez-lui le chemin en utilisant l'impératif.

VII. Pouvez-vous préparer une salade ? Expliquez en utilisant l'impératif.

Deuxième partie

Leçon 15

J'ai déjà vu ce film.

Unité 1. Une lettre de Philippe

Séoul, le 10 août 2006

Chère Claire,

Je suis à Séoul depuis trois mois. Les cours de coréen sont très intéressants et j'ai appris beaucoup de choses sur la Corée. Maintenant, j'ai beaucoup d'amis coréens et je commence à connaître la ville.

Les gens d'ici sont sympathiques. Hier soir, un ami coréen, Inho, m'a invité chez lui. Il habite avec ses parents et sa sœur. Sa mère nous a préparé un plat traditionnel, le *Bulgogi*. C'est du boeuf mariné dans une sauce de soja avec de l'ail. On le mange avec du riz. J'ai aussi goûté le *Gimchi*, du chou pimenté avec de l'ail et du gingembre. C'est épicé mais j'ai beaucoup aimé.

Après le repas, nous avons chanté. Inho et Mijou ont chanté des chansons coréennes. Les Coréens sont tous de vrais chanteurs. Moi, j'ai chanté «Ma solitude» de Georges Moustaki. J'ai passé une très bonne soirée. Je leur ai proposé de venir chez moi une prochaine fois. Dis bonjour à Pierre de ma part.

Écris-moi. À bientôt.

Philippe

Unité 2. Après le cours

Claire : Jina, qu'est-ce que tu fais ce soir ?
Jina : Pas grand-chose.
Claire : On va au cinéma ?
Jina : Qu'est-ce que tu veux voir ?
Claire : «La reine Margot».
Jina : J'ai déjà vu ce film. J'ai beaucoup aimé.
Claire : Tu as vu aussi «Cyrano de Bergerac» ?
Jina : Non, pas encore. C'est quel genre de film ?
Claire : C'est un film tiré d'une pièce de théâtre d'Edmond Rostand.
Jina : Ça parle de quoi ?
Claire : C'est une histoire d'amour. Un homme très laid arrive à séduire une jeune femme par sa poésie.
Jina : Qui joue dans ce film ?
Claire : Anne Brochet, Vincent Perez et Gérard Depardieu. Ça te dit ?
Jina : Oui, allons-y !

Grammaire et Expressions

1. Le passé composé (I) : *avoir* au présent + participe passé

j'	ai	aimé
tu	as	aimé
il	a	aimé
elle	a	aimé
nous	avons	aimé
vous	avez	aimé
ils	ont	aimé
elles	ont	aimé

- Si tu *as fini*, on y va.
- Il *a* bien *fait* son travail.
- Nous *avons pris* un taxi pour arriver à l'heure.
- Où *as*-tu *mis* la clé de la voiture ?
- Je n'*ai* pas *pu* terminer mes examens.

2. Les pronoms interrogatifs

	personne	chose
Sujet	*Qui* vient ce soir ? *Qui* est-ce qui frappe à la porte ?	 *Qu'est-ce qui* brille là-bas ?
Objet	*Qui* cherches-tu ? *Qui est-ce que* tu appelles ?	*Que* cherches-tu ? *Qu'est-ce que* tu fais ce soir ?
Après une préposition	*À qui* penses-tu ? *De qui* parles-tu ?	*À quoi* penses-tu ? *De quoi* parles-tu ?

3. Le pronom *tout*

tout	
tous	toutes

- *Tout* est bien qui finit bien.
- L'argent n'est pas *tout.*
- Les coréens sont *tous* de vrais chanteurs.
- J'ai invité mes camarades de classe à mon anniversaire. *Toutes* m'ont apporté des cadeaux.

Notes

- Il *a proposé à* son amie *d'*aller voir un film.
- *Ça te dit ?*
- *Allons-y !*

Exercices

I. Répondez aux questions. Faites des phrases complètes.

1. À quelle heure avez-vous déjeuné ?

   - ______________________________

2. Avez-vous visité Paris ?

   - ______________________________

3. A-t-il réussi son examen ?

   - ______________________________

4. Où avez-vous garé la voiture ?

   - ______________________________

II. Trouvez la question qui correspond aux mots soulignés.

1. A : ______________________________ ?

   B : Je cherche mon amie.

2. A : ______________________________ ?

   B : Nous parlons de nos projets de vacances.

3. A : ______________________________ ?

   B : Je parle à ma voisine.

4. A : ______________________________ ?

   B : Je veux un café.

5. A : ______________________________ ?

   B : C'est Jean qui va venir ce soir.

III. Réécrivez le texte au passé composé.

Aujourd'hui, je téléphone à Mireille. Je lui propose d'aller au cinéma. Elle accepte. Je prends une douche. Je mets un costume gris et une cravate rose. J'achète un bouquet de fleurs. J'attends un taxi, mais je ne trouve pas de taxi libre. Je décide de prendre le métro. Je dois attendre le métro. Je ne peux pas arriver à l'heure.

Hier, ______________________________

____

____

____

IV. Racontez ce que vous avez fait le week-end dernier.

Leçon 16

Je suis allée à la campagne.

Unité 1. Un week-end

Jina : Tu as passé un bon dimanche ?
Claire : Oui, je suis allée à la campagne chez ma tante.
Jina : Tu y vas souvent ?
Claire : Parfois. Mais cette fois-ci, j'y suis allée pour les fiançailles de ma cousine.
Jina : Tu y es restée tout le week-end ?
Claire : Oui, je suis rentrée hier soir. Et toi, qu'est-ce que tu as fait ?
Jina : Moi, j'ai travaillé tout le week-end parce que j'ai un exposé à faire sur l'art gothique.
Claire : Tu l'as bien préparé ?
Jina : Oui, j'ai fait des recherches sur Internet et j'ai trouvé beaucoup de documents.
Claire : As-tu visité des églises du Moyen Age ?
Jina : Oui, j'ai visité Notre-Dame de Paris et la Sainte Chapelle.
Claire : Ce sont des monuments typiques de l'art gothique.

Unité 2. À Versailles

Dimanche dernier, Jina et Claire ont visité Versailles. Elles sont parties en train de la Gare Saint-Lazare. Elles sont descendues du train à Versailles à 10 heures.

D'abord, elles ont pris une photo devant la statue de Louis XIV. Elles ont acheté des billets d'entrée et ont visité toutes les pièces du château : la galerie des Glaces, les petits appartements de Marie-Antoinette... Elles ont admiré le style classique et sont sorties du château.

Après, elles ont fait un tour dans le parc. Elles ont loué des vélos et sont allées jusqu'aux petits Trianons, deux petits châteaux dans le parc.

Elles sont rentrées à Paris tard le soir, très fatiguées mais contentes.

Grammaire et Expressions

1. Le passé composé (II) : *être* au présent + participe passé

Le participe passé s'accorde avec le sujet.

je	suis	allé(e)
tu	es	allé(e)
Il	est	allé
elle	est	allée
nous	sommes	allé(e)s
vous	êtes	allé(e)(s)
ils	sont	allés
elles	sont	allées

- Sylvie, tu *es allée* à la campagne ?
- Elle *est arrivée* en retard.
- Ils *sont venus* à mon mariage.
- Nous *sommes parties* pour Jejudo.

- verbes qui utilisent *être* au passé composé : aller, arriver, descendre, entrer, monter, partir, rester, sortir, venir

Attention :

passer : Nous *avons passé* une bonne soirée.
Nous *sommes passés* devant la Sorbonne.

sortir : Elle *a sorti* le gâteau du four.
Elle *est sortie* à 8 heures.

descendre : Ils *ont descendu* l'armoire.
Ils *sont descendus* du train.

2. Les verbes

sortir	
je	sors
tu	sors
il	sort
nous	sortons
vous	sortez
ils	sortent
je suis	sorti(e)

descendre	
je	descends
tu	descends
il	descend
nous	descendons
vous	descendez
ils	descendent
je suis	descendu(e)

Exercices

I. Conjuguez les verbes au présent.

1. À quelle heure __________(sortir)-tu de ton bureau ?
2. J'en __________(sortir) à 5 heures et demie.
3. Je __________(descendre) à la prochaine station.
4. Qu'est-ce que vous __________(dire) ?
5. __________(savoir)-vous la vérité ?
6. Elle __________(ouvrir) un compte à la banque.

II. Réécrivez ces phrases au passé composé.

Je vais au théâtre. Je vois Paul. Il vient tout seul. Nous entrons dans la salle. Le spectacle commence à 8 heures et demie. Il se termine à 10 heures. Nous sortons du théâtre. Nous allons au café d'à côté. Je prends un café et Paul prend un panaché.

*Je suis allée au théâtre*____

____

____

III. Décrivez les situations au passé composé en employant les expressions données.

1

sortir du bureau

2

acheter des fleurs et un cadeau

3

prendre l'autobus

4

arriver chez Marie

5

prendre l'apéritif

6

dîner

7

passer une bonne soirée

1. *Paul* ______
2. ______
3. ______
4. ______
5. ______
6. ______
7. ______

IV. Où êtes-vous allée pendant les vacances ? Avec qui ? Racontez votre voyage.

V. Comment avez-vous rencontré votre meilleure amie ? Et votre petit copain ?

Lecture

La Cathédrale de Notre-Dame de Paris

Voici la Cathédrale de Notre-Dame de Paris, fière, élégante et majestueuse. En 1163, Maurice de Sully a commencé à construire la Cathédrale sur l'emplacement d'un ancien temple gallo-romain. Il a fallu 200 ans pour achever la construction de ce bel édifice religieux.

Notre-Dame est la première des grandes cathédrales gothiques de l'Ile-de-France. Elle est le témoin d'événements importants de l'histoire de France : en 1804, Notre-Dame a reçu le pape Pie VII pour le sacre de Napoléon Ier, empereur des Français.

La Cathédrale reste le siège de l'archevêché de Paris. Sur le parvis de la Cathédrale, il y a le kilomètre zéro, point de départ symbolique de toutes les routes nationales françaises.

Leçon 17

Le garçon que j'ai salué...

Unité 1. Le fiancé de ma cousine

Claire : Tu as vu le garçon que j'ai salué tout à l'heure ?
Jina : Le garçon qui porte une chemise bleue ? Qui est-ce ?
Claire : C'est François, le fiancé de ma cousine.
Jina : La fille que tu m'as présentée l'autre jour chez Laurent ?
Claire : Oui, ma cousine Irène.
Jina : Ah ! je vois. Je les ai vus souvent à la bibliothèque.
Comment l'a-t-elle rencontré ?
Claire : Ils ont étudié ensemble à la Sorbonne.
Maintenant ils préparent le C.A.P.E.S.
Jina : Le C.A.P.E.S, qu'est-ce que c'est ?
Claire : C'est un concours que l'on passe pour devenir enseignant.
Jina : Si tu es reçu, tu peux obtenir un poste dans un lycée ?
Claire : Oui, mais il faut aussi faire un stage pendant un an.

C.A.P.E.S.= Certificat d'aptitude pédagogique à l'enseignement secondaire

Unité 2. Quelle chance tu as !

Jina : Qu'est-ce que tu es bronzée ! Tu es partie en vacances ?

Marie : Non, je reviens du festival d'Avignon.

Jina : Quel festival ?

Marie : Tu ne connais pas le festival d'Avignon ?

Jina : Non, mais je connais la chanson *Sur le pont d'Avignon.*
«Sur le pont d'Avignon, on y danse, on y danse...»

Jina et Marie : Ha ha ha !

Jina : Parle-moi un peu de ce festival.

Marie : C'est un festival de théâtre où des troupes viennent du monde entier pour présenter leur spectacle. Il a lieu chaque été.

Jina : Combien de temps es-tu restée là-bas ?

Marie : Quatre semaines. Au début, j'étais partie pour deux semaines, mais j'ai rencontré une amie qui habite là-bas. Elle m'a invitée chez elle et j'ai prolongé mon séjour.

Jina : Quelle chance tu as ! Tu as des amis partout.

Marie : Tu la connais peut- être. C'est Sylvie, une amie dont je t'ai souvent parlé. Nous avons fait nos études ensemble à l'école de commerce.

Grammaire et Expressions

1. Les pronoms relatifs

1) *qui* et *que*

■ Françoise a un ami. L'ami de Françoise est au service militaire.
▶ Françoise a un ami *qui* est au service militaire.

■ J'ai envoyé un bouquet de fleurs à Sophie.
J'ai acheté ce bouquet de fleurs ce matin.
▶ J'ai envoyé à Sophie le bouquet de fleurs *que* j'ai acheté ce matin.

■ Voici un roman. Pierre a écrit ce roman.
▶ Voici le roman *que* Pierre a écrit.

2) *dont*

■ J'ai visité une maison. Le propriétaire de cette maison est aux États-Unis.
▶ C'est la maison *dont* le propriétaire est aux États-Unis.

■ Regarde le garçon. Je t'ai souvent parlé de ce garçon.
▶ Regarde le garçon *dont* je t'ai souvent parlé.

■ Prends le dictionnaire. Tu en as besoin.
▶ Prends le dictionnaire *dont* tu as besoin.

■ J'ai enfin rencontré le garçon. J'ai souvent rêvé de ce garçon.
▶ J'ai enfin rencontré le garçon *dont* j'ai souvent rêvé.

3) *où*

■ Regarde la maison. Van Gogh y a vécu dans les dernières années de sa vie.
▶ Regarde la maison *où* Van Gogh a vécu dans les dernières années de sa vie.

■ Il est parti ce jour-là. Je suis arrivée ce jour-là.
▶ Il est parti le jour *où* je suis arrivée.

2. L'accord du participe passé

1) J'ai salué *le professeur.* ▶ Je *l'*ai salué.
   J'ai ouvert *la porte.* ▶ Je *l'*ai ouvert*e*.

2) C'est *une robe* que j'ai achet*ée* au Printemps.
   Ce sont *les photos* que j'ai pris*es* à Venise.

3) Quelles *fleurs* as-tu achet*ées* ? - J'ai acheté des roses.

3. Verbe

connaître	
je	connais
tu	connais
il	connaît
nous	connaissons
vous	connaissez
ils	connaissent
j'ai connu	

Notes

- Le festival *a lieu* à Avignon chaque été.
- La conférence *a eu lieu* la semaine dernière.

Exercices

I. Complétez les dialogues avec des pronoms.

- Louis, tu n'as pas mangé le gâteau ?
- Quel gâteau, maman ?
- Le gâteau au chocolat ________ j'ai mis sur la table.
- Je ne ___ ai même pas vu. C'est peut- être Poussy ________ l'a mangé.
- Poussy, qui est-ce ?
- C'est le chat de Jean. Il m'a demandé de ________ garder.
- Pourquoi ?
- Parce que Jean a acheté un chien ________ Poussy a peur.
  Alors il me ________ a donné.

II. Transformez la deuxième phrase en proposition relative.

1. Sur la table, il y a un livre. Paul a acheté le livre.
   ▶ ________________________________
2. Tu as vu le film de Luc Besson ? Le film vient de sortir.
   ▶ ________________________________
3. Regardez la dame. Elle est à côté de la cabine téléphonique.
   ▶ ________________________________
4. Regardez la fille. Le professeur l'a appelée.
   ▶ ________________________________
5. Où est le chapeau ? Je t'ai donné le chapeau.
   ▶ ________________________________

III. Expliquez qui sont les personnages du livre comme dans l'exemple.

Mme Leblanc, c'est la dame qui étudie aux États-Unis.

1. Hans, c'est le garçon ________________________
2. Nicole, c'est ________________________
3. Marie, c'est ________________________
4. M. Leblanc, c'est ________________________
5. Nami, c'est ________________________
6. Philippe, c'est ________________________

IV. Expliquez en français comme dans l'exemple.

KBS, c'est une chaîne que je regarde souvent.

1. Le 12, c'est un bus ______________________________
2. Kundera, c'est ______________________________
3. «Le cinquième élément», c'est ______________________________
4. *Le petit prince,* c'est ______________________________
5. Boa, c'est ______________________________

V. Répondez aux questions.

1. Parlez du marché de Namdaemun, qu'est-ce qu'on y trouve à acheter ? Utilisez le pronom relatif *où*.

2. Quel est votre auteur préféré ? Utilisez le pronom relatif *que*.

3. Quels sont les acteurs du film «Pretty Woman» ? Utilisez le pronom relatif *qui*.

4. Un journaliste interviewe une star, imaginez les questions qu'il peut lui poser. Utilisez les pronoms relatifs.
   ex) Quel est l'auteur *que* vous préférez ?

Leçon 18

Plus forts et plus rapides...

Unité 1. Les Coréens jouent mieux.

Pierre : Tu as regardé la télé ?
Tu connais le résultat du match de football ?

Jina : Oui, l'équipe de Corée a battu celle de Belgique.

Pierre : Par quel score ?

Jina : Trois buts à deux. Elle a mieux joué à la fin du match.
Elle joue contre l'Italie samedi prochain.

Pierre : Ça va être dur. L'Italie est plus forte que la Corée.

Jina : Pas du tout ! L'Italie est peut-être plus forte en technique
mais les joueurs coréens sont plus rapides.

Pierre : Les Coréens sont moins expérimentés que les Italiens.
L'équipe d'Italie a déjà gagné trois fois la coupe du monde.

Jina : Ils sont aussi forts que les Brésiliens ?

Pierre : Ils attaquent moins bien que les Brésiliens mais ils ont une meilleure
défense qu'eux.

Jina : Mais les Coréens sont mieux préparés. Tu vas voir !

Unité 2. Le spectacle le plus intéressant de la saison

Claire : Namsou, tu es libre ce soir ?
On a réservé deux places à la Comédie Française.
Jina ne peut pas venir. Je t'offre sa place.

Namsou : Quelle pièce joue-t-on ?

Claire : *L'Avare* de Molière. C'est le spectacle le plus intéressant de la saison.
Je ne dis pas que c'est le meilleur. Mais c'est sans doute un des meilleurs. Tu aimes Molière ?

Namsou : Je préfère Racine. Mais si tu m'offres une place, je t'accompagne.
Je crois que c'est une bonne occasion de découvrir Molière.

Claire : On dit que la mise en scène est géniale.
Tu ne vas pas le regretter.
Alors, rendez-vous à 19 heures 30 devant le Théâtre.

Namsou : D'accord. À tout à l'heure.

Grammaire et Expressions

1. Le comparatif

1) - Sylvie est *aussi* belle *que* Sophie.
   - Le T.G.V. est *plus* rapide *que* les autres trains.
   - Au marché, les vêtements sont *moins* chers *qu'*au grand magasin.
   - J'ai eu une *bonne* note à l'examen. J'ai eu une *meilleure* note *que* toi.

2) - Pierre marche *aussi* vite *que* Jean.
   - Nicole court *moins* vite *que* Françoise.
   - Bernard parle *plus* fort *que* toi.
   - André chante *bien*. Paul chante *mieux qu'*André.

2. Le superlatif

- André est l'étudiant *le plus* intelligent *de* la classe.
- Marianne est l'étudiante *la plus* intelligente *de* la classe.
- André et Marianne sont les étudiants *les plus* intelligents *de* la classe.
- Ce sont *les meilleurs* étudiants de l'école.

- Françoise est *la plus* rapide *de* toute l'équipe.
- C'est la tortue qui va *le moins* vite.
- C'est Chantal qui chante *le mieux*.

3. Les pronoms démonstratifs

celui	celle
ceux	celles

- Cet enfant n'est pas *celui* que je cherche.
- Ma voiture est en panne ; j'ai emprunté *celle* de mon frère.

4. La conjonction *que*

Je crois *que* c'est une bonne occasion de découvrir Molière.
On dit *que* la mise en scène est géniale.

5. Le pronom neutre *le*

- Êtes-vous nombreux ? - Oui, nous *le* sommes. (= Oui, nous sommes nombreux.)
- Si vous voulez partir tout de suite, vous *le* pouvez. (= ... vous pouvez partir tout de suite.)
- Savez-vous qu'il part demain ? - Oui, je *le* sais. (= Oui, je sais qu'il part demain.)

6. Verbes

dire	
je	dis
tu	dis
il	dit
nous	disons
vous	dites
ils	disent
J'ai dit	

croire	
je	crois
tu	crois
il	croit
nous	croyons
vous	croyez
ils	croient
J'ai cru	

Notes

- L'équipe de Corée a battu celle de Belgique *par trois buts à deux*.
- Je *préfère* Racine *à* Molière.
- Je *préfère* les fruits *aux* gâteaux.

Molière (Jean-Baptiste Poquelin), auteur dramatique et comédien français, né à Paris (1622-1673)

Exercices

I. Transformez les phrases en utilisant le comparatif.

Jean est grand. Paul n'est pas très grand.

▶ Jean est plus grand que Paul.

1. Un disque compact est assez cher. Une cassette n'est pas chère.

▶ ______________________________

2. Le bourgogne est bon. Le bordeaux est très bon.

▶ ______________________________

3. André est fort. Robert est fort aussi.

▶ ______________________________

4. Paul parle bien allemand. Pierre ne parle pas très bien allemand.

▶ ______________________________

II. Transformez les phrases en utilisant le superlatif.

Jean est grand. (classe)

▶ Jean est le plus grand de la classe.

1. Le T.G.V. est un train rapide. (monde)

▶ ______________________________

2. La ligne 6 est courte. (lignes de métro)

▶ ______________________________

3. Marie et sa sœur sont bonnes. (école)

▶ ______________________________

4. Il court vite. (toute l'équipe)

▶ ______________________________

III. Répondez aux questions suivant l'Unité 2.

1. Où Claire veut-elle aller ?

- ______________________________

2. Pourquoi Claire offre-t-elle une place à Namsou ?

- ______________________________

3. Quel spectacle donne-t-on à la Comédie Française ?

- ______________________________

4. Pourquoi Claire veut-elle voir cette pièce ?

-

5. Que pense Namsou de Molière ?

-

6. Pourquoi Namsou accompagne-t-il Claire ?

-

7. À quelle heure et à quel endroit ont-ils rendez-vous ?

-

IV. Comparez la Corée et les États-Unis en utilisant le comparatif et le superlatif.

V. Comparez Whoopie Golberg et Sharon Stone.

VI. Comparez-vous avec votre voisine.

Êtes-vous plus grande qu'elle ?
Avez-vous les cheveux plus longs ?
Qui est la plus âgée ?

VII. Comparez les personnes de votre famille deux par deux.

Puis essayez de trouver le plus grand ou la plus grande, le plus vieux et le plus jeune, le plus gros, le plus malin, le moins gros...
Qui chante le mieux ? Qui travaille le plus ?
Qui regarde le plus la télévision ? Qui dort le moins ?
Qui mange le plus ? Qui parle le plus vite...

Acte I, Scène IV

Elise : Nous avons tous deux quelque chose à vous dire.
Harpagon : Et moi, j'ai quelque chose aussi à vous dire à tous deux.
Cléante : C'est de mariage, mon père, que nous désirons vous parler.
Harpagon : Et c'est de mariage aussi que je veux vous entretenir.
Elise : Ah ! mon père.
Harpagon : Pourquoi ce cri ? Est-ce le mot, ma fille, ou la chose, qui vous fait peur ?
Cléante : Le mariage peut nous faire peur à tous deux, de la façon que vous pouvez l'entendre ; et nous craignons que nos sentiments ne soient pas d'accord avec votre choix. (...)

Harpagon : Et pour commencer par un bout : avez-vous vu, dites-moi, une jeune personne appelée Mariane, qui ne loge loin d'ici ?
Cléante : Oui, mon père.
Harpagon : Et vous ?
Elise : J'en ai ouï parler.
Harpagon : Comment, mon fils, trouvez-vous cette fille ?
Cléante : Une fort charmante personne.
Harpagon : Sa physionomie ?
Cléante : Toute honnête, et pleine d'esprit.
Harpagon : Son air et sa manière ?
Cléante : Admirables, sans doute.
Harpagon : Ne croyez-vous pas qu'une fille comme cela mériteroit assez que l'on songeât à elle ?
Cléante : Oui, mon père.
Harpagon : Que ce seroit un parti souhaitable ?
Cléante : Très souhaitable.
Harpagon : Qu'elle a toute la mine de faire un bon ménage ?
Cléante : Sans doute.
Harpagon : Et qu'un mari auroit satisfaction avec elle ?
Cléante : Assurément. (...)

Harpagon : Enfin je suis bien aise de vous voir dans mes sentiments ; car son maintien honnête et sa douceur m'ont gagné l'âme, et je suis résolu de l'épouser, pourvu que j'y trouve quelque bien.
Cléante : Euh ?
Harpagon : Comment ?
Cléante : Vous êtes résolu, dites-vous... ?
Harpagon : D'épouser Mariane.
Cléante : Qui, vous ? vous ?
Harpagon : Oui, moi, moi, moi. Que veut dire cela ?
Cléante : Il m'a pris tout à coup un éblouissement, et je me retire d'ici.
Harpagon : Cela ne sera rien. Allez vite boire dans la cuisine un grand verre d'eau claire.

Molière, *L'avare*

Leçon 19

Où étiez-vous ?

Unité 1. Une grand-mère énergique

Jina : Hier soir, je t'ai téléphoné plusieurs fois, mais il n'y avait personne chez toi. Où étiez-vous tous ?

Claire : On était chez ma grand-mère. C'était son anniversaire.

Jina : Quel âge a-t-elle ?

Claire : Soixante-douze ans.

Jina : C'est incroyable ! Quand je l'ai vue l'été dernier, elle faisait plus jeune. Je croyais qu'elle avait soixante ans tout au plus.

Claire : Elle fait très attention à sa santé !
Jusqu'au mois dernier, elle faisait des randonnées en montagne deux fois par semaine.

Jina : Et maintenant, elle ne fait plus de randonnées ?

Claire : Non.

Jina : Pourquoi ?

Claire : Parce qu'elle a commencé à faire de la natation !

Unité 2. Quand je faisais un stage...

Philippe : À quoi penses-tu ?
Mijou : À mon séjour en France.
Philippe : Tu as beaucoup voyagé pendant ton séjour ?
Mijou : Oui, je partais chaque week-end avec un sac à dos.
Philippe : Tu as visité la Suisse ?
Mijou : Oui, je suis allée en Suisse l'année dernière quand je faisais un stage à Grenoble.
Philippe : Tu y es allée seule ?
Mijou : Non, avec quelques amis de classe. Nous étions quatre.
Philippe : Vous avez visité plusieurs villes ?
Mijou : Oui, nous sommes allés à Genève et à Lausanne.
Et surtout nous sommes allés dans les Alpes pendant trois jours pour faire de l'escalade.
Nous avons beaucoup marché. Le soir, nous avions mal aux pieds et nous étions très fatigués mais c'était bien agréable de marcher en respirant l'air pur. Personne ne voulait redescendre en ville.
Philippe : Je vous comprends !

Grammaire et Expressions

1. L'imparfait

nous parlons ->	je	parl*ais*
	tu	parl*ais*
	il	parl*ait*
	nous	parl*ions*
	vous	parl*iez*
	ils	parl*aient*

finir : je finissais, nous finissions
faire : je faisais, nous faisions
avoir : j'avais, nous avions

Attention :
être : j'*é*tais, nous *é*tions

- Il y *avait* beaucoup de monde.
- Quand j'*étais* petite, j'*allais* chez ma tante chaque été.
- Quand elle *est rentrée* à la maison, son mari *préparait* le dîner.

2. Le gérondif

- Elle travaille *en écoutant* de la musique.
- *En prenant* le métro, tu peux y arriver à temps.

3. Le pronom indéfini *personne*

- Il y a *quelqu'un* ? - Non, il *n*'y a *personne*.
- *Quelqu'un* est venu ? - Non, *personne n*'est venu.

Notes

- Elle *faisait plus jeune*.
- Je croyais qu'elle avait *tout au plus* soixante ans.
- Elle *fait* très *attention à* sa santé.

Exercices

I. Mettez les verbes à l'imparfait.

Quand Mijou ________(faire) un stage de français l'été dernier, elle ________ (partir) chaque week-end avec son sac à dos. Une fois, elle est allée dans les Alpes pour faire de l'escalade pendant trois jours. Ils ________(être) quatre. Ils ont marché toute la journée. Le soir, ils ________(avoir) mal aux pieds et ils ________(être) fatigués mais c' ________(être) très agréable de marcher. Personne ne ________ (vouloir) redescendre en ville.

II. Mettez les verbes au passé composé ou à l'imparfait selon le sens.

1. Il y ________(avoir) beaucoup de monde quand elle ________(entrer) dans le salon.
2. Quand le téléphone ________(sonner), qu'est-ce que tu ________(faire) ?
3. Pendant qu'elle ________(lire) le journal, ils ________(préparer) le dîner.
4. L'année dernière, je ________(aller) au cinéma 2 fois par semaine.

III. Transformez les phrases en utilisant le gérondif.

1. Elle travaille et elle chante.
   ▶ ____
2. Elle écoute Mozart et elle danse.
   ▶ ____
3. Elle conduit et elle parle.
   ▶ ____
4. Elle sort et elle ferme la porte.
   ▶ ____

IV. Que faisiez-vous pendant les vacances quand vous étiez enfant ? Dites trois choses que vous faisiez.

V. Qu'avez-vous fait cet été avec vos amis ? Dites trois choses que vous avez faites.

VI. Où étiez-vous quand le téléphone a sonné hier soir ?

Leçon 20

Il fera beau demain.

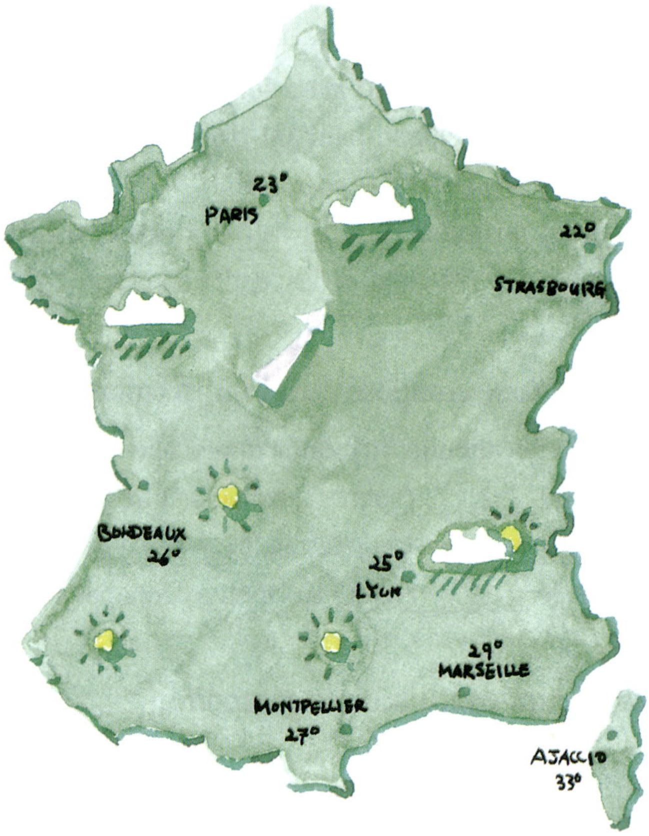

Unité 1. La météo pour demain

Le matin, il fera frais et il y aura partout du brouillard, puis le soleil brillera sur la plus grande partie du pays, mais le ciel restera couvert dans le nord.

L'après-midi, il pleuvra un peu en Bretagne et il y aura des averses dans l'est. Sur l'Île de France, le vent soufflera du sud-ouest et le ciel deviendra gris en fin de journée. Ailleurs, il fera beau et chaud.

Voici les températures prévues pour la journée : à Paris, il fera 23 degrés, à Strasbourg 22, à Lyon 25, à Bordeaux 26, à Montpellier 27, à Marseille 29. C'est à Ajaccio qu'il fera le plus chaud, 33 degrés.

Unité 2. Horoscopes

(21 avril-21 mai)

(20 février-20 mars)

Taureau (du 21 avril au 21 mai)

Le meilleur horoscope du mois !
Cœur : Vous rencontrerez la personne de votre vie.
Santé : Vous serez en très bonne santé.
Profession : Vous aurez une promotion.
Argent : Vous gagnerez à la loterie.

Poisson (du 20 février au 20 mars)

Le plus mauvais horoscope du mois !
Cœur : Vous aurez des difficultés avec une personne très proche.
Santé : Vous devrez aller voir un médecin.
Profession : Vous recevrez une nouvelle très désagréable.
Argent : On vous volera de l'argent.

Grammaire et Expressions

1. Le futur

je	parler*ai*
tu	parler*as*
il	parler*a*
nous	parler*ons*
vous	parler*ez*
ils	parler*ont*

je	finir*ai*
tu	finir*as*
il	finir*a*
nous	finir*ons*
vous	finir*ez*
ils	finir*ont*

avoir : j'*aur*ai
aller : j'*ir*ai
faire : je *fer*ai
vouloir : je *voudr*ai

être : je *ser*ai
venir : je *viendr*ai
pouvoir : je *pourr*ai
recevoir : je *recevr*ai

2. Verbes

recevoir	
je	reçois
tu	reçois
il	reçoit
nous	recevons
vous	recevez
ils	reçoivent
j'ai reçu	

devenir	
je	deviens
tu	deviens
il	devient
nous	devenons
vous	devenez
ils	deviennent
je suis devenu(e)	

Notes

- Mon grand-père *est en bonne santé.*
- Vous *aurez une promotion.*
- Il *a gagné à la loterie.*
- On vous *volera de l'argent.*

Exercices

I. Mettez les verbes au futur.

1. Nous ________(être) en vacances au mois de juillet.
2. Vous ________(avoir) bientôt une bonne surprise.
3. Je ________ (partir) pour la France le mois prochain.
4. Quand est-ce qu'ils ____________(finir) leurs études ?
5. Cet hiver, je________ (aller) dans les Alpes pour faire du ski.
6. Ce soir, mon père________ (faire) la cuisine pour nous.

II. Trouvez la fin de chaque phrase.

1. Quand je serai en France, ( )	a. j'allais chez ma tante chaque été.
2. Quand je serai plus grande, ( )	b. parce que je dois garder mon petit frère.
3. Quand j'étais petite, ( )	c. je visiterai toutes les régions.
4. Quand j'étais à la cuisine, ( )	d. parce que ma mère était malade.
5. Quand j'étais au lycée, ( )	e. mes parents me permettront de voyager seule.
6. Quand j'irai à l'université, ( )	f. je n'étais pas une très bonne élève.
7. Je ne peux pas sortir avec toi, ( )	g. je ferai des études de littérature française.
8. Je n'ai pas pu sortir hier soir, ( )	h. on a sonné à la porte.

III. Quand vous gagnerez de l'argent, qu'achèterez-vous ?

IV. Quand vous aurez 40 ans, à votre avis, quelle sera votre vie ?

V. Comment sera l'homme de votre vie ?

VI. Où irez-vous pendant les vacances? Qu'y ferez-vous ?

Leçon 21

Je me lève à 6 heures.

Unité 1. Ma journée

Je m'appelle Marie. Je suis employée de banque. Voici ma journée. Le matin, je me lève à 6 heures. Je me brosse les dents et je me lave. Je prends mon petit déjeuner. Je sors de chez moi vers 7 heures et demie. Je prends le métro. Quand je vois une place libre, je m'assieds et je lis le journal. J'arrive à mon bureau vers 8 heures. Je lis le courrier de mes clients, j'y réponds. Je fais souvent des photocopies. Je réponds beaucoup au téléphone. J'ai parfois des réunions. Je déjeune à midi avec mes collègues et nous nous promenons dans le jardin d'à côté. Nous nous remettons au travail à 1 heure. Je finis mon travail à 5 heures. Je vais directement au club de gym. Après une bonne heure de sport, je prends une douche. Je rentre chez moi vers 7 heures. Je dîne. Je me repose en écoutant de la musique. Je me couche vers minuit et je m'endors en lisant. J'ai une vie réglée comme une horloge.

Unité 2. Je me prépare...

Daniel : Chérie, es-tu prête ?
Anne : Oui, j'arrive. Une minute.
Daniel : Écoute, tu dis ça depuis une heure. Mais qu'est-ce que tu fais ?
Anne : Je me prépare.
Daniel : Je sais. Mais qu'est-ce que tu as encore à faire ?
Anne : Je suis en train de me sécher les cheveux.
Daniel : Quoi ! Tu t'es lavé les cheveux ?
Anne : Oui, ils étaient sales. Maintenant, je dois me coiffer.
Daniel : Dépêche-toi alors !
Anne : Attends ! Je dois aussi me maquiller et m'habiller.
Daniel : Vraiment tu exagères ! Il est déjà 8 heures.
Anne : J'en ai pour une minute. Promis.
Daniel : Mon Dieu ! On n'y sera jamais avant minuit !

Grammaire et Expressions

1. Les verbes pronominaux

1) *verbes de sens réfléchi*

- Je *me lève* à 6 heures.
- Elle *s'est lavée*.
- Elle *s'est lavé* les mains.

2) *verbes de sens réciproque*

- Elles *se regardent* l'une l'autre.
- Ils *se sont aimés*.
- Ils *se sont téléphoné*.

3) *verbes de sens passif*

- La montagne *se voit* de loin.
- La maison *s'est vendue* cher.

4) *verbes uniquement pronominaux*

- Je *me souviens de* mon enfance.
- Elle *s'est écriée* : «Au feu !»

5) *verbes pronominaux avec changement de sens*

- Elle *s'est mise à* pleurer.
- Je *me rends* au mariage de Sophie.
- Je *m'entends* bien avec lui.

2.

- Dépêche-toi !
- Assieds-toi !
- Levez-vous !

3. Le pronom neutre *y* (II)

- Je réponds au courrier de mes clients.
  - J'*y* réponds.
- Elle pense souvent à son séjour en France.
  - Elle *y* pense souvent.

4. Verbes

s'asseoir			
je	m'assieds	je	m'asseois
tu	t'assieds	tu	t'asseois
il	s'assied	il	s'asseoit
nous	nous asseyons	nous	nous asseoyons
vous	vous asseyez	vous	vous asseoyez
ils	s'asseyent	ils	s'asseoient
je me suis assis(e)			

lire	
je	lis
tu	lis
il	lit
nous	lisons
vous	lisez
ils	lisent
j'ai lu	

s'endormir	
je	m'endors
tu	t'endors
il	s'endort
nous	nous endormons
vous	vous endormez
ils	s'endorment
je me suis endormi(e)	

Notes

- J'en ai pour une minute.
- Promis !
- Mon Dieu !

Exercices

I. Racontez la journée de Jeanne en utilisant les verbes pronominaux.

Elle se lève à 6 heures 20.

II. Transposez l'exercise I au passé composé.

III. Conjuguez les verbes

1. Je ________ (s'appeler) Jina. Et toi, comment ________ (s'appeler)-tu?
2. Le matin, elle ________ (se lever) de bonne heure.
3. Ils ________ (se regarder) les yeux dans les yeux.
4. Jina et Claire ________ (se téléphoner) hier soir.
5. Cette maison ________ (se vendre) il y a 3 jours.
6. Quand nous étions petites, nous ________ (se promener) le soir.
7. Je ne t'oublierai pas. Je ________ (se souvenir) de toi toute ma vie.
8. Nous ________ (se voir) dans un mois.

IV. Réécrivez ces phrases à l'aide des verbes pronominaux.

1. Il commence à chanter. (*se mettre*)

   ____

2. Ils vont à la réunion à 9 heures. (*se rendre*)

   ____

3. Les spectateurs sont dans la salle. (*se trouver*)

   ____

4. J'utilise l'ordinateur pour rédiger mon mémoire. (*se servir de*)

   ____

V. Répondez aux questions.

1. Hier soir, à quelle heure vous êtes-vous couchée ?

   - ______________________________

2. Ce matin, à quelle heure vous êtes-vous levée ?

   - ______________________________

3. Pendant combien de temps vous êtes-vous reposé ?

   - ______________________________

4. Pendant combien de temps vous êtes-vous regardée dans le miroir ?

   - ______________________________

5. Dans l'autobus, est-ce que vous vous êtes assise ?

   - ______________________________

6. Est-ce que vous avez dû vous dépêcher ? Pourquoi ?

   - ______________________________

VI. Expliquez ce que vous faites tous les matins depuis le moment où vous vous levez jusqu'au moment où vous arrivez en classe. Utilisez au moins cinq verbes pronominaux.

VII. Racontez votre journée d'hier heure par heure.

Lecture

L'Étranger

- Qui aimes-tu le mieux, homme énigmatique, dis ? Ton père, ta mère, ta sœur ou ton frère ?
- Je n'ai ni père, ni mère, ni sœur, ni frère.
- Tes amis ?
- Vous vous servez là d'une parole dont le sens m'est resté jusqu'à ce jour inconnu.
- Ta patrie ?
- J'ignore sous quelle latitude elle est située.
- La beauté ?
- Je l'aimerais volontiers, déesse et immortelle.
- L'or ?
- Je le hais comme vous haïssez Dieu.
- Eh ! Qu'aimes-tu donc, extraordinaire étranger ?
- J'aime les nuages... les nuages qui passent... là-bas... les merveilleux nuages !

Baudelaire, *Les Fleurs du Mal*

Enivrez-vous

Il faut être toujours ivre. Tout est là : c'est l'unique question. Pour ne pas sentir l'horrible fardeau du Temps qui brise vos épaules et vous penche vers la terre, il faut vous enivrer sans trêve.

Mais de quoi ? De vin, de poésie ou de vertu, à votre guise. Mais enivrez-vous. Et si quelquefois, sur les marches d'un palais, sur l'herbe verte d'un fossé, dans la solitude morne de votre chambre, vous vous réveillez, l'ivresse déjà diminuée ou disparue, demandez au vent, à la vague, à l'étoile, à l'oiseau, à l'horloge, tout ce qui fuit, à tout ce qui gémit, à tout ce qui roule, à tout ce qui chante, à tout ce qui parle, demandez quelle heure il est ; et le vent, la vague, l'étoile, l'oiseau, l'horloge, vous répondront : «Il est l'heure de s'enivrer ! Pour n'être pas les esclaves martyrisés du Temps, enivrez-vous ; enivrez-vous sans cesse ! De vin, de poésie ou de vertu, à votre guise.»

Baudelaire, *Spleen de Paris*

Leçon 22

Il est fabriqué par une entreprise coréenne.

Unité 1. Dans un magasin d'électro-ménager

Vendeur : On s'occupe de vous ?
Claire : Non, pas encore.
Vendeur : Je peux vous aider ?
Claire : Oui, je voudrais voir les téléviseurs.
Vendeur : Vous avez toutes les marques devant vous.
Jina(*à Claire*) : Regarde ! Il y a des téléviseurs coréens.
Ils sont importés de Corée, n'est-ce pas ?
Vendeur : Non, ils sont fabriqués en France par des entreprises coréennes.
Ils ont un bon rapport qualité-prix. Ils se vendent très bien.
Claire : Il y a une garantie ?
Vendeur : Oui, ils sont garantis 2 ans.
Claire : Vous pouvez livrer ?
Vendeur : Oui, si vous commandez aujourd'hui, il vous sera livré
dans 3 jours.
Claire : Très bien. Je prends celui-ci.
Vendeur : Vous avez fait le bon choix !

Unité 2. Dans un car de tourisme

Guide : Nous prenons maintenant la rue de Rivoli. À votre gauche vous avez le palais du Louvre. C'est une ancienne forteresse transformée en résidence royale par Charles V. Aujourd'hui, c'est le plus grand musée du monde. Au milieu de la cour, il y une pyramide. Elle a été construite par un architecte américain d'origine chinoise, Ieoh Ming Pei. À votre droite, vous avez l'Arc du Carrousel qui vient d'être rénové. Il est beau, n'est-ce pas ? Le Louvre était relié au palais des Tuileries. Malheureusement, le palais a été incendié en 1871, et il ne reste que le jardin que vous allez voir. Admirez les statues. Elles sont splendides ! Après le jardin des Tuileries, on arrive à la place de la Concorde. Sur la place se trouve l'Obélisque. Si vous prenez l'avenue des Champs-Élysées, vous arrivez à l'Arc de Triomphe.

Grammaire et Expressions

1. Le passif

1) Laurent *invite* souvent Carole. ▶ Carole *est* souvent *invitée par* Laurent.
   Laurent *a invité* Carole. ▶ Carole *a été invitée par* Laurent.
   Laurent *invitait* souvent Carole. ▶ Carole *était* souvent *invitée par* Laurent.
   Laurent *invitera* Carole. ▶ Carole *sera invitée par* Laurent.

   On a construit ce palais en 1784. ▶ Ce palais a été construit en 1784.

   Le parc *est entouré d'un* mur.
   Edith Piaf *a été aimée du* public.

2) Le dernier album de Lara Fabian *se vend* bien.
   Comment *s'écrit* ton nom ?
   Cela *se dit* souvent.
   Ça *se voit* bien.

2. Verbe

construire	
je	construis
tu	construis
il	construit
nous	construisons
vous	construisez
ils	construisent
j'ai construit	

Notes

- Je dois *m'occuper de* cet enfant.
- C'est une ancienne forteresse *transformée en* résidence royale.
- *Il* me *reste* 100 francs pour finir la journée.

Exercices

I. Mettez les phrases à la voix passive.

1. Le P.D.G. a fondé la société il y a trois ans.

   ____

2. Beethoven a composé la symphonie quand il était sourd.

   ____

3. Beaucoup de journalistes traiteront ces questions.

   ____

4. Tous les enfants aiment l'institutrice.

   ____

5. On a installé un nouveau système d'alarme.

   ____

6. Des sculptures ornent la colonne.

   ____

7. On attend M. Kim au standard.

   ____

II. Transformez les phrases comme dans l'exemple.

On vend les oranges toute l'année.
▶ Les oranges se vendent toute l'année.

1. Ici, on ne dit pas ça.

   ____

2. On prend ce médicament trois fois par jour.

   ____

3. On ferme la porte facilement.

   ____

4. On a vendu cher cette maison.

   ____

III. Réécrivez les phrases soulignées à la voix active.

Claire et Jina sont dans un magasin pour acheter un téléviseur. Il y a des téléviseurs de toutes les marques. Jina en trouve un de marque coréenne. ①Il n'est pas importé de Corée, mais ②il est fabriqué en France par une entreprise coréenne. Il a un bon rapport qualité-prix et il se vend très bien. ③Il est garanti 2 ans. ④Il sera livré à Claire dans 3 jours.

1 ______________________________
2 ______________________________
3 ______________________________
4 ______________________________

IV. Construisez des phrases à la forme passive en utilisant :

1. Chat / souris :
2. Chat / poisson :
3. La pyramide du Louvre / Ieoh Ming Pei :
4. La chanson «La vie en rose» / Edith Piaf :
5. *Les Misérables* / Victor Hugo :
6. *La 5ème symphonie* / Beethoven :
7. *Le cordon* / Oh Tae-Seok :

V. Mettez le texte à la voix passive.

Philippe a invité Jina à son anniversaire samedi dernier. Nami a accompagné Jina. Pierre a conduit Nami et Jina chez Philippe. Philippe a accueilli Jina et Nami. Philippe a salué Pierre. Pierre a laissé Jina et Nami à la soirée. Jina et Nami ont donné un superbe cadeau à Philippe. Philippe a remercié Jina et Nami.

Leçon 23

Si j'avais le temps...

Unité 1. ... j'irais en Espagne

Jina : Qu'est-ce que tu fais cet été ? Tu pars en vacances ?

Claire : Non, je ne peux pas. Je dois aider mon oncle. Il tient un restaurant à Nice.

Jina : Tu es contente de travailler ?

Claire : Oui, je vais gagner de l'argent. Mais si j'avais le temps, j'irais en Espagne. C'est un pays que je n'ai pas encore visité. J'irais à la piscine tous les jours pour profiter du soleil.

Jina : Et le soir, qu'est-ce que tu ferais ?

Claire : Le soir, j'écouterais du Flamenco sur la terrasse d'un restaurant, en dégustant une Paëlla.

Jina : Moi, si je ne rentrais pas en Corée, je n'irais pas en Espagne. J'irais plutôt à Prague. Je visiterais les musées. Je me promènerais dans les vieux quartiers de la ville. Mais bon, je dois rentrer.

Unité 2. Si je n'étais pas tombée en panne...

Claire : Pourquoi tu n'es pas venue au mariage de Sylvie samedi dernier ?

Marie : Je suis tombée en panne sur l'autoroute avant d'arriver à Chartres.

Claire : Pourquoi tu n'as pas téléphoné ?

Marie : Si je n'avais pas oublié mon téléphone portable, je l'aurais fait ! Au fait, c'était comment ?

Claire : Si tu étais venue, tu aurais adoré la robe de la mariée. Par contre, tu aurais peut-être trouvé la cérémonie un peu longue, il faisait un froid de canard dans l'église.

Marie : J'aurais voulu rencontrer son mari.

Claire : Tu l'aurais beaucoup apprécié. Il est vraiment beau garçon.

Marie : Oh, si je n'étais pas tombée en panne, j'aurais passé une meilleure journée. J'aurais préféré être avec vous.

Grammaire et Expressions

1. Le conditionnel

1) Le présent : radical du futur + terminaison de l'imparfait

aimer

J'*aimer*-ai	→	j'	aimer*ais*
		tu	aimer*ais*
		il	aimer*ait*
		nous	aimer*ions*
		vous	aimer*iez*
		ils	aimer*aient*

je fer-ai	→	je fer-ais
je ser-ai	→	je ser-ais
j'aur-ai	→	j'aur-ais

- Si j'*étais* riche, j'*achèterais* une voiture neuve.
- Si j'*avais* encore du temps, je le *ferais*.
- (Si j'*étais*) à ta place, j'*irais* tout seul.

Attention : Si j'*ai* le temps, je *viendrai* te voir.

2) Le passé : auxiliaire *avoir* ou *être* au conditionnel présent + participe passé

- J'*aurais préféré* être avec vous.
- S'il *était venu*, nous *aurions été* contents.
- Si tu *étais venue*, tu *aurais adoré* la robe de la mariée.

Notes

- Il tient un restaurant.
- Je *suis tombée en panne.*
- Il *trouve la cérémonie un peu longue.*
- *Il fait un froid de canard.*
- J'*aurais préféré être* avec vous.

Exercices

I. Complétez les phrases.

1. S'il y avait assez de place, nous ________(acheter) un piano.
2. S'il ________ (pleuvoir), on annulera le pique-nique.
3. Si je ________(être) un oiseau, je volerais vers toi.
4. Si tu manges trop, tu ________ (grossir).
5. Si elle restait avec moi, je ________ (faire) tout pour la rendre heureuse.

II. Transformez les phrases suivant l'exemple.

S'il pleut, on n'ira pas à la plage. ▶ S'il pleuvait, on n'irait pas à la plage.

1. Si Nicole va en Europe, Pierre l'accompagnera.
   ▶ ________________________________
2. Si j'achète ce téléviseur maintenant, je paierai moins cher.
   ▶ ________________________________
3. Si Nami quitte la France, Pierre partira avec elle.
   ▶ ________________________________
4. Si nous avons un ennui, nous vous appellerons.
   ▶ ________________________________

III. Transformez les phrases suivant l'exemple.

S'il pleut, on n'ira pas à la plage. ▶ S'il avait plu, on ne serait pas allé à la plage.

1. Si Nicole va en Europe, Pierre l'accompagnera.
   ▶ ________________________________
2. Si j'achète ce téléviseur maintenant, je paierai moins cher.
   ▶ ________________________________
3. Si Nami quitte la France, Pierre partira avec elle.
   ▶ ________________________________
4. Si nous avons un ennui, nous vous appellerons.
   ▶ ________________________________

IV. Complétez les phrases.

1. Si ______________________________,
   il m'accompagnerait à la soirée dansante.
2. Si ______________________________,
   il m'aimerait encore.
3. Si ______________________________,
   mon père serait ravi de te voir.

V. Répondez aux questions.

1. Que feriez-vous si vous gagniez une grosse somme d'argent ?
   - ______________________________
2. Si vous aviez un an de vacances, où iriez-vous ?
   - ______________________________
3. Si vous étiez un garçon, que feriez-vous ?
   - ______________________________
4. Si vous étiez né en France, qu'est-ce que cela aurait changé à votre vie ?
   - ______________________________

VI. Comment serait votre vie...

1. Si vous étiez une actrice célèbre ?

2. Si vous viviez sur une île déserte et sauvage ?

Lecture

Le Roseau pensant

L'homme n'est qu'un roseau, le plus faible de la nature ; mais c'est un roseau pensant. Il ne faut pas que l'univers entier s'arme pour l'écraser : une vapeur, une goutte d'eau, suffit pour le tuer. Mais, quand l'univers l'écraserait, l'homme serait encore plus noble que ce qui le tue, parce qu'il sait qu'il meurt, et l'avantage que l'univers a sur lui ; l'univers n'en sait rien. Toute notre dignité consiste donc en la pensée. C'est de là qu'il faut nous relever, et non de l'espace et de la durée, que nous ne saurions remplir. Travaillons donc à bien penser : voilà le principe de la morale.

Roseau pensant. - Ce n'est point de l'espace que je dois chercher ma dignité, mais c'est du règlement de ma pensée. Je n'aurai pas davantage en possédant des terres : par l'espace, l'univers me comprend et m'engloutit comme un point ; par la pensée, je le comprends.

Grandeur de l'homme. - Nous avons une si grande idée de l'âme de l'homme, que nous ne pouvons souffrir d'en être méprisés, et de n'être pas dans l'estime d'une âme ; et toute la félicité des hommes consiste dans cette estime.

La grandeur de l'homme est grande en ce qu'il se connaît misérable. Un arbre ne se connaît pas misérable.

C'est donc être misérable que de se connaître misérable ; mais c'est être grand que de connaître qu'on est misérable.

Pascal, *Les Pensées*

Leçon 24

Il faut que je parte.

Unité 1. Le départ

Pierre : Quand est-ce que tu pars ?
Jina : Demain.
Pierre : Quoi ! Déjà demain ? À quelle heure part ton avion ?
Jina : À 21 heures 30, de Charles-de-Gaulle.
Il faut que j'y sois à 7 heures au plus tard.
Claire : Tu veux qu'on t'accompagne en voiture ?
Jina : Merci, c'est gentil. Mais c'est l'heure de pointe.
Pierre : C'est vrai. Il vaut mieux qu'on prenne le R.E.R. à *Cité Universitaire*.
Il va directement à l'aéroport.
Jina : Combien de temps faut-il pour y aller ?
Claire : Environ trois quarts d'heure.
Jina : Alors il faut qu'on parte d'ici à 6 heures et quart.
Pierre : On vient te chercher à 6 heures.

Unité 2. À l'aéroport

Jina : Où est-ce qu'on enregistre les bagages ?
Claire : D'abord, il faut que tu passes à la douane pour demander la détaxe.
Jina : Je n'ai pas acheté grand-chose. J'ai seulement acheté quelques souvenirs.
Pierre : Alors, on va directement enregistrer les bagages.
(...)
Jina : Ça y est. J'ai ma carte d'embarquement.
Claire : Garde-la avec ton passeport !
Il faut que tu la montres aussi au contrôle d'identité.
Jina : Maintenant je dois vous quitter.
Je vous remercie beaucoup de tout ce que vous avez fait pour moi.
Claire : Je suis très contente de t'avoir rencontrée.
J'espère que tu as passé de bons moments avec nous.
Pierre : Jina, tu vas nous manquer, tu sais. Mais tu dois être contente de retrouver ta famille.
Jina : J'espère que vous viendrez un jour en Corée.
Vous serez toujours les bienvenus.

Grammaire et Expressions

1. Le subjonctif

Ils parl-ent →	que je parl*e*
	que tu parl*es*
	qu'il parl*e*
	que nous parl*ions*
	que vous parl*iez*
	qu'ils parl*ent*

être		avoir		aller		faire		pouvoir	
je	sois	j'	aie	j'	aille	je	fasse	je	puisse
tu	sois	tu	aies	tu	ailles	tu	fasses	tu	puisses
il	soit	il	ait	il	aille	il	fasse	il	puisse
nous	soyons	nous	ayons	nous	allions	nous	fassions	nous	puissions
vous	soyez	vous	ayez	vous	alliez	vous	fassiez	vous	puissiez
ils	soient	ils	aient	ils	aillent	ils	fassent	ils	puissent

- *Il faut que* je *parte.*
- *Il vaut mieux qu'*on *prenne* le R.E.R.

- *Je veux que* tu *restes* avec moi.
- *Je souhaite que* tu *réussisses.*
  Attention : J'espère que tu réussiras.

- *Je suis contente que* tu *sois* avec moi.

- *Je crois qu'*il *est* sage.
- *Je ne crois pas qu'*il *soit* sage.
- *Je doute qu'*il *puisse* venir.

2. L'infinitif passé : *avoir, être* à l'infinitif + participe passé

- Je suis contente de t'*avoir rencontrée.*
- Je vous remercie d'*être venu.*

Notes

- Il faut que j'y sois à 7 heures *au plus tard.*
- Ça sera *l'heure de pointe.*
- Je *vous remercie beaucoup de* tout ce que vous avez fait pour moi.

Exercices

I. Reliez les deux phrases comme dans l'exemple.

(Je veux...) tu réussiras. ▶ Je veux que tu réussisses.

1. Réussis ton examen !
   ▶ Je veux que ____________________
2. C'est bien de continuer tes études.
   ▶ Je suis content que ____________________
3. Partez tout de suite parce qu'après il fera nuit.
   ▶ Il faut que ____________________
4. Prenez le métro car il y a des embouteillages.
   ▶ Il vaut mieux que ____________________
5. Elle ne viendra pas, elle est très occupée.
   ▶ Je doute que ____________________

II. Transformez les phrases à la forme négative comme dans l'exemple.

Je crois qu'il est là. ▶ Je ne crois pas qu'il soit là.

1. Je suis sûre qu'il viendra.
   ▶ ____________________
2. Je pense que tu peux m'aider.
   ▶ ____________________
3. Je suis certain qu'elle va mieux.
   ▶ ____________________
4. Je trouve que la situation politique du Gabon est stable.
   ▶ ____________________

III. Complétez les phrases. (Les deux phrases doivent avoir des sujets différents.)

1. Il faut que ____________________
2. Je veux que ____________________
3. Nous sommes contentes que ____________________
4. Il souhaite que ____________________
5. Je ne crois pas que ____________________

IV. Complétez les phrases avec les verbes :

aimer, avoir, aller, boire, être, faire, finir, venir, voir

1. Je suis content que ______________________________
2. Il faut que______________________________
3. Il vaut mieux que______________________________
4. Je souhaite que ______________________________
5. Je ne pense pas que ______________________________

V. Qu'est-ce qu'il faut que vous fassiez pour préparer votre voyage à l'étranger ? Expliquez ce qu'il faut que vous preniez et ce qu'il faut que vous prépariez. Utilisez le subjonctif, bien sûr !

VI. Que souhaitent vos parents pour votre avenir ?

VII. Comment voyez-vous le mari idéal ? Comment souhaitez-vous qu'il soit ? Qu'est-ce que vous ne voulez pas qu'il fasse ?

Lecture

Le pont Mirabeau

Sous le pont Mirabeau coule la Seine
Et nos amours
Faut-il qu'il m'en souvienne
La joie venait toujours après la peine
Vienne la nuit sonne l'heure
Les jours s'en vont je demeure

Les mains dans les mains restons face à face
Tandis que sous
Le pont de nos bras passe
Des éternels regards l'onde si lasse
Vienne la nuit sonne l'heure
Les jours s'en vont je demeure

L'amour s'en va comme cette eau courante
L'amour s'en va
Comme la vie est lente
Et comme l'Espérance est violente
Vienne la nuit sonne l'heure
Les jours s'en vont je demeure

Passent les jours et passent les semaines
Ni temps passé
Ni les amours reviennent
Sous le pont Mirabeau coule la Seine
Vienne la nuit sonne l'heure
Les jours s'en vont je demeure

Apollinaire, *Alcools*

Le Français Contemporain

펴낸날 | 제1판 제1쇄 1998년 3월 10일
제4판 제1쇄 2006년 8월 10일
제6쇄 2022년 3월 3일

지은이 | 이화여자대학교 프랑스어 교재편찬위원회
펴낸이 | 정은경
펴낸곳 | 이화여자대학교출판문화원
서울특별시 서대문구 이화여대길 52(우 03760)
등록번호 | 1954년 7월 6일 제9-61호
전화 | 02) 3277-2965(편집)
02) 362-6076(마케팅)
팩스 | 02) 312-4312
전자우편 | press@ewha.ac.kr
홈페이지 | www.ewhapress.com
디자인 & 일러스트 | 권문성
찍은곳 | 한영문화사

ISBN 978-89-7300-700-4 13760
값 15,000원